산마루
묵상

산마루
묵상

펴낸날 | 2010. 4. 5

지은이 | 이주연
펴낸이 | 임후남

진 행 | 이선일
디자인 | 애드디자인
출 력 | 아이앤지
인 쇄 | 백왕인쇄

펴낸곳 | 생각을담는집
전 화 | 서울시 양천구 목동 917-9 현대 41타워 3903
전 화 | 편집 070-8274-8587 영업 02-2168-3787
팩 스 | 02-2168-3786
전자우편 | mindprinting@hanmail.net

ISBN 978-89-963899-3-4

이 도서의 국립중앙도서관 출판시도서목록(CIP)은
e-CIP 홈페이지(http://www.nl.go.kr/ecip)에서 이용하실 수 있습니다.
(CIP제어번호: CIP2010001096)
책값은 뒤표지에 있습니다.

* 잘못 만들어진 책은 구입하신 곳에서 교환해드립니다.
* 이 책의 수익금 일부는 '산마루해맞이학교(노숙인대학)'를 위한 기금으로 쓰입니다.

산마루 묵상

글 | 이주연

《산마루 묵상》을 펴내며

감사의 고백

이 책 《산마루 묵상》은 지난 5년간 매일 CBS(기독교방송국) 새벽 방송을 통해 묵상한 것의 일부입니다.

누구의 보조자도 없이 매일 원고를 쓰고 매일 방송을 한다는 것은 참으로 지난한 일이었습니다.

더욱이 부족한 사람이 교회를 개척하고 홀로 목회 업무를 감당하면서, 그리고 겸임교수의 사역을 수행하면서 몇 해 동안 영적인 내용을 담아내야 해야 했기에 그러하였습니다. 돌이켜 생각하면 이 긴 여정을 지날 수 있었던 것은 기적 같은 일이었고, 기적 같은 일들이 이어졌기 때문에 가능하였습니다. 오직 하나님의 은혜였습니다.

방송 첫 해 2005년, 성탄을 앞둔 한 해가 끝날 무렵 업무가 과중하여 방송을 그만 둘 수밖에 없다고 생각했습니다. 이때 연락이 왔습니다. 새벽마다 청취하시던 한 장로님(광고 기획사 코마코 이태림 회장)이셨습니다.

성탄 선물로 그 동안 방송한 CD를 모두 구입하여 모든 직원과 가까운 친지들에게 선물하시겠다고 하셨습니다.

제작 팀이 있었던 것도 아니기에 아르바이트 학생을 급구하여 1주일 만에 100질을 밤새 PC로 제작해 보내 드렸습니다. 제작비로 7백만 원만 보내주면 충분하다고 했으나 통장에는 1천만 원이 입금되어 있었습니다. 비서실에서는 간단한 해명을 전하였습니다.

"목사님께서 선교하시는 데 쓰실 곳이 많지 않겠습니까!"

그 뜻밖의 사랑의 선물에 감동을 받아 중단하지 않고 한 해를 넘겼습니다.

또 이듬해 성탄절이 다가오고 교회의 업무가 과중되면서 방송 중단을 선언하였습니다. 그리고 3개월이 흐른 뒤였습니다. 당시 CBS 편성국에 계셨던 박대승 국장님이 전화하셨습니다.

"목사님 이젠 충분히 쉬셨습니까? 다시 녹음을 시작하시지요. 그 동안 재방송을 내보냈습니다."

저는 깜짝 놀랐습니다.

'이름 없는 사람의 보잘것없는 것을 어떻게 3개월씩이나 방송국에서 재방송을 내보낸단 말인가!'

저는 감동하여 주저 없이 "감사합니다. 어쩔 수 없군요. 다시 하겠습니다!"라고 즉답하였습니다. '하나님의 섭리는 미물일지라도 자신을 알아

주는 주인을 위해서는 죽기까지 하도록 하셨는데, 이런 영혼의 친구가 이 하늘 아래 있는데 함께 길을 가야 할 것이 아닌가!' 하며 용기를 냈던 것입니다.

그래서 이듬해 여름까지 방송을 하였습니다. 무더운 여름 수련회를 준비하며 방송을 하니 스트레스를 견디기 어려워 녹초가 되었습니다. 저는 마음은 원이로되 몸이 감당할 수 없어서 불가능하다고 다시 방송국에 전화를 했습니다. 그랬더니 박대승 국장님은 이 '산마루 묵상'은 계속 내보내야 할 방송이라는 것이었습니다. 20년 넘게 방송을 하고 있지만 이 정도로 지속적인 반응을 유지하는 일은 특별한 것이니 계속하여야 한다는 것이었습니다.

저는 그저 예의와 격려라 생각하고 마감하려 하였습니다. 이때 박 국장님이 말을 이었습니다. "예의로 드리는 말씀이 아니라 진짜입니다. 한번 목사님 연락처를 공개해 볼까요? 그러면 제 말을 아실 것입니다."

결국 방송 끝부분에 연락처가 공개되었습니다. 열흘 가까이 교회 업무를 할 수 없을 정도로 아침부터 저녁까지 전화가 쇄도하였습니다. 어떤 분들은 새벽 생방송인 줄 아시고 새벽 4시에 전화를 하셔서 놀란 일도 많았습니다. 교회에서 큰 일이 있어서 전화한 줄로 알고서 받아보면 방송 때문에 감사 전화를 하시는 것이었습니다!

그리고 책은 없느냐, 책은 언제 낼 것인가 묻기도 하셨습니다. 이 일로 수십 명의 영적인 관심을 가지신 분들이 찾아오셔서 만나 뵙게 되어 깊은 교제를 가졌습니다. 이런 만남 때문에 용기를 내어 전화 상담도 하겠다고 방송을 내보냈다가 몇 개월 만에 중단해야 했습니다. 너무나 심각한 상담이 이어지는데 방송하며 목회하면서 다 감당할 수 없기 때문이었습니다.

그리고 또 일 년을 해냈는데 교회가 성장하면서 교회 업무가 늘어 더이상 방송을 지속시킬 수는 없었습니다. 그래서 새 달부터는 방송을 할수 없겠다는 말씀을 방송국에 전하였습니다. 그런데 놀라운 일이 일어났습니다. 청취자로부터 전화가 왔는데, 폐암 말기 판정을 받고 3개월 시한부 인생을 살고 있던 그 분은 매일 밤 잠자리에 들 때마다 '내일 새벽에는 '산마루 묵상'을 들을 수 있을까? 들어야지!' 라고 기도하며 잠드신다는 것이었습니다. 그런데 3개월이 지나 2년째 살게 되어 감사한 마음에서 전화를 드린다는 것이었습니다.

그런데 그 주간에 위암 판정으로 투병 중이신 또 한 분이 같은 내용의 전화를 주셨습니다. 저는 다시 마음먹었습니다. '하나님께서 영감을 주시고, 건강을 주신다면, 그리고 방송국에서 필요로 한다면, 일생 이 방송 사역을 감당하겠습니다!'

어느 날엔 새벽에 청소차로 청소하시는 청취자께서 전화하셨습니다.
"안산지역 국도에서 새벽마다 청소차로 청소를 하는데, 그때 매일 '산마루 묵상'을 차에서 듣고 힘을 얻습니다. 그리고 아침 동료들이 모여서

식사를 할 때에 그날의 '산마루 묵상'을 소개하며 좋은 시간을 보내고 있습니다. 감사합니다!"

한 일본인 목사님께서는 '독일은 유대인 학살을 참회하는데 왜 일본은 그렇지 않은가, 그것은 독일엔 기독교와 같은 참회를 가르치는 종교가 있으나, 일본엔 그런 고등종교가 없기 때문이다'라는 요지의 방송을 듣고 참 맞는 말이라며 전화를 하시고, 일본인들에게 이를 전하겠다고 말씀하셨습니다.

김교신 선생님의《성서 조선》서문을 새벽에 묵상하자 전화가 왔습니다. 김교신 선생님의 따님이셨습니다. 아버지께서 무교회주의자라고 이단으로 몰려 핍박을 받았었는데, CBS에서 아버지의 뜻을 전하다니 감동스럽다는 인사의 말씀이었습니다.

팔순 노구에 제주에서까지 찾아오셔서 격려하시고 감사를 표하신 감귤 한라봉을 개발하셨던 김 장로님, 그리고 대학병원에서 은퇴하신 칠순이 훌쩍 넘으신 선생님께서 그간 많은 분들을 찾아다니며 답을 얻고자 하였는데 '산마루 묵상'을 통해 비로소 인생의 답과 위로를 얻다 하셨던 분, 봄날 교회 화분을 사러 갔다가 돈이 부족해 명함을 내밀며 통장으로 보내드리겠다고 하자 '산마루 묵상'을 매일 듣는다며 값도 깎아주시고, 한 차 가득 가을 국화를 선물해주신 권사님, 청와대 경호실에서 주일 아침 묵상과 기도용으로 '산마루 묵상' CD를 요청하고 찾아오셔서는 차 한 잔 대접하겠다며 명동으로 가자 하고는 양복을 맞춰주신 집사님, 불교

도이지만 이 시간이 좋아서 듣는다며 감사를 표하던 이름 모를 불자님 등 지금 당시의 노트를 살펴보니 남은 이름과 주소만도 450명이 넘습니다.

또 산마루 교우들이 국내외 여러 곳을 다니며 신앙인들을 만나 출석 교회에 관한 이야기를 나눌 때에 조그만 산마루교회에 다닌다고 하면 "아, '산마루 묵상' 하시는 목사님의 산마루교회냐!"하며 반갑게 맞아주었던 일, 가톨릭에서 영성신학을 강의하셨고 영성지도를 하시는 이홍근 신부님께서 영적인 친구를 만났다 여기시고 전화하셔서 지금까지 함께 영적인 교제를 나누며 지내게 된 일, 성 나자로 마을의 수녀님들이 그곳의 여러분들과 묵상하시겠다며 방송 CD를 요청하셨던 일, 방송 CD를 시각장애우들과 함께 듣겠다며 제작을 요청하시고 감사의 전화를 해주셨던 분들, 그리고 점자책으로 만들어줄 수 없느냐고 묻던 시각장애우들 등등 끊어지지 않고 이어진 영적 교제가 큰 위로와 힘이 돼 주었습니다. 그래서 부족하고 업무상 벅찬 삶을 사는 제가 '산마루 묵상'을 5년간이나 방송할 수 있게 된 것입니다.

그리고 잊을 수 없는 것은 '산마루 묵상' 방송을 하게 된 연유입니다. '산마루 묵상'을 방송하기 전 '영성의 삶'이라는 50분짜리 영성에 대한 방송 강연을 매주 CBS에서 진행하였습니다. 이는 임영수 목사님(모세골)께서 열어 놓으신 방송이었습니다. 그런데 임 목사님께서 교단도 다르고 선후배도 아니며 아무런 면식도 없는 제게 저의 책《둥둥 영혼을 깨우는 소리〉를 보시고는 정재원 실장님(현재 CBS 선교본부 선교기획국장)을 통하여 제게 방송을 맡긴 일이 있었습니다.

저는 이 방송을 100회를 넘게 하면서, '강연으로서가 아니라, 호수에 조약돌을 던지면 파문이 일 듯, 매일 화두처럼 마음의 파문을 일게 하는 짧고 깊이 있는 묵상으로 영성을 일깨우는 것도 좋은 일이다'라는 제언을 한 일이 있었습니다.

이 일이 있은 후 한 해가 지나자 정재원 실장님이 "바로 그때 말한 그 방식대로 '산마루 묵상'이라는 이름으로 방송을 하자."고 연락을 해온 것이었습니다. 그렇게 '산마루 묵상'은 시작되었습니다.

열린 마음으로 '영성의 삶'을 방송하게 하신 임 목사님의 언행일치의 삶에 존경을 표하며, 정재원 국장님의 통찰에 감사를 표합니다. 그리고 그 후 이 방송이 중단되지 않도록 늘 힘이 돼주시고 영혼의 길동무가 돼주신 박대승 국장님, 그리고 이어서 프로듀서로서 귀찮은 일들을 마다하지 않고 기쁨으로 도와주신 오준석, 장승철, 김미성, 공혜량, 박명규, 김창수 제작진에 진심으로 감사드립니다. 그리고 20여 년 전 진리의 빛을 찾고자 고뇌 속에 있을 때에 예수를 새롭게 만날 다리가 되어주시고, 명상과 묵상의 법을 일깨워주셨던 곽노순 목사님이 없었다면 용기 있게 영성의 길을 떠나지 못하였을 것입니다.

그리고 면식도 없었던 분이었으나, 방송 CD 10장을 모두 녹취하여 책을 내자며 찾아오신 출판사 〈생각을담는집〉의 임후남 선생님께 감사를 드립니다. 끝으로 1500회가 넘도록 많은 방송을 하게 된 것은 저의 창작의 글만이 아니라, 이미 좋은 글을 쓰신 이 지구촌의 많은 영적인 작가들과 헌신자들이 있었기 때문입니다. 때로는 너무나 값진 영적인 일화들이기에, 아름다운 가사에 곡을 붙이듯 방송으로 그분들의 영혼의 울림을 전하기도 하였습니다. 이 책에는 저작권의 문제가 있어 소개하지 못함을 아쉬워합니다.

방송을 책으로 내는 일은 곡조는 떼고 가사만 전하는 격이라 어떤 결과가 나타날 것인가 하는 물음을 가지기도 합니다. 하지만, "책이 언제 나오느냐?"며 묻는 분들에게 매번 "올 성탄절에는 선물로 드릴 수 있을 것입니다!"라며 해마다 대답하였던 약속을 이제나마 지키게 되어 감사할 따름입니다.

영감을 주신 하나님과
힘을 주신 CBS 새벽 청취자들
제작을 도우신 방송국 직원들
그 영혼의 벗에게 이 책을 바칩니다.

북악산 기슭 산마루골에서 이주연 목사

차례

1장

쉼

천지와 만물이 다 이루어지니라
하나님이 그가 하시던 일을 일곱째 날에 마치시니
그가 하시던 모든 일을 그치고 일곱째 날에 안식하시니라

창 2:2

멈추어 서십시오

삶의 새로운 길, 높은 영성의 길로 접어들기 원하십니까?

그렇다면 일단 멈추어 서십시오. 일단 멈추어 서지 않으면 쉴 수도 없고, 살아오던 날들의 방향을 선회하는 회개도 있을 수 없고, 자신의 상황과 하나님의 뜻을 정확하게 볼 수도 없습니다.

하나님 앞에 나아와 욕망의 불을 끄고 자신을 멈추어 세워 보십시오. 가만히 멈추어 서게 되면 지금까지 살아오던 삶의 방향을 전환하는 지점이 생기게 됩니다.

욕망으로 과열된 가슴을 안고 언제든 폭발할 준비가 된 채 내리막길을 달리던 인생의 자전거를 멈추어 세우고 거기서 내린다면, 지금까지 내리막길로 달리던 삶이 멈추어 서고 하나님과 더불어 새롭고 높은 길로 나아갈 길이 열리게 됩니다.

가만히 멈추어 서 보십시오.

하나님 앞에서 그렇게 한다면 창조의 아침에 얻은 그 싱그러운 생명력이 우리에게도 차오르게 될 것입니다. 거기에 진정한 복과 거룩함이 깃들게 될 것입니다.

가만히 있을 때
들리는 주님의 음성

가만히 있어 멈추어 서야 우리는 하나님의 행적을 볼 수 있습니다. 왜 우리는 보고도 보지 못하고, 들어도 듣지 못하게 되는 것입니까? 자신의 욕망에 휘둘려 있기 때문은 아닐까요. 그리고 그 욕망에 따라서 생각과 행동이 속도를 줄이지 못하고 지나치고 있는 것은 아닐까요.

이 욕망의 에스컬레이터에서 내려 가만히 멈춰 서 보십시오. 우리 속이 조용해집니다. 그렇게 되면 이 세상의 실상을 대면하게 되고, 마침내 하나님의 손길과 행적을 보게 될 것입니다.

그제야 우리는 어두운 눈이 밝아져서 시간 너머의 영원한 나라도 눈에 들어오게 되고, 우리에게 보이지 않던 하나님의 뜻도 밝게 보게 됩니다.

멈춰 선 뒤, 마음의 시끄러움마저 잠들게 된다면 영혼의 최상의 통찰력과 집중력도 얻게 됩니다. 그때, 하나님께서는 놀라운 능력을 부여해 주십니다.

하 나 님 의 안 식

'천지와 만물이 다 이루어지니라 하나님이 그가 하시던 일을 일곱째 날에 마치시니 그가 하시던 모든 일을 그치고 일곱째 날에 안식하니라 하나님이 일곱째 날을 복되게 하사 거룩하게 하셨으니 이는 하나님이 그 창조하시며 만드시던 모든 일을 마치시고 그 날에 안식하셨음이니라' 창 2:1~2

이 말씀의 중심에는 창조의 성취 후 쉬셨고, 복을 주셨고, 거룩하게 하였다 하는 것입니다.

참으로 놀라운 일입니다. 분주히 땀 흘려 일하였기에 그것을 높이 사 복을 주고 거룩하게 한 것이 아니라 창조를 마치고 쉬셨고, 쉼과 함께 복과 거룩함을 주신 것입니다.

쉼과 거룩이 따로 있지 않습니다. 쉼이 일보다 더 중요하다는 것일까요? 적어도 쉼의 가치는 우리가 일상에서 생각하는 쉼의 가치와는 질적으로 다르다는 사실을 계시하고 있는 것입니다. 쉼과 복과 거룩은 연속적인 선상에 있는 것입니다.

산에서 쉬신 예수

높은 영성을 이루고자 하면, 우리가 지금 살아가는 일상의 공간에서 벗어나야 합니다. 그리하여 뒤엉켜 있는 일상의 자기 삶을 내려다볼 수 있는 새로운 자리, 그 시점을 얻어야 합니다.

우리는 우리들의 삶의 자리를 떠나 높은 산에 올라가 볼 필요가 있습니다. 그리고 그 높은 곳에서 나를 내려다볼 수 있는 시점을 얻어야 합니다. 또한 이를 위해 묵상 훈련도 필요합니다.

일단 물러나서 위에서 우리들 삶을 내려다보는 그 제3의 눈, 이것이 반드시 있어야 합니다. 그래야 새로운 세계로 나아갈 수 있게 됩니다.

'예수께서는 낮이면 회당에서 가르치시고 밤이면 나아가 감람원이라 하는 곳에서 쉬시니' 눅 21:37
예수께서도 일상의 삶의 자리를 벗어나 쉼을 얻기도 하시고, 그 일상의 자리를 되돌아보는 시점을 갖기도 한 것이 아니겠습니까.

부산스러움에서 벗어나야

인간이 손을 대지도 않은 산마다 꽃이 핍니다. 사람이 행하지 않고도 주어진 봄의 세계, 하늘과 땅, 그 자체를 대면하는 여백의 순간에 빠져들어 보십시오. 그리고 그 세계를 누리며 넓혀 보시면 어떻겠습니까.

일상사를 돌아보면 지금 우리는 일에 눌리고 쫓겨 허겁지겁 살아가느라 육신과 영혼이 마모되고 있지는 않습니까.

이 딱한 현실을 보더라도 우리는 일시라도 행함과 일의 무거운 짐을 벗고 행하지 않고도 주어지는 무위라는 텅 빈 공간에서 숨을 풀어 볼 필요가 있습니다.

우리는 행위가 일으킨 문명 속에 갇혀 있기에 문명이 전부라는 착각 속에 살고 있는 것은 아닐까요. 문명은 우주 안에서는 없음과 다름이 없습니다. 150억 광년의 시공간 안에서 만들어 놓은 인간의 문명은 오차의 범위 안에도 속하지 않을 작은 크기일 것입니다.

인간은 스스로를 과장해서 우주를 손 안에 가지고 있는 것처럼 생각하고 있지만 사실 우리는 여전히 우주 안에 먼지에 불과한 피조물일 뿐입니다.

본래 무위로, 주어진 그 은총의 세계에 머물게 된다면 지금까지 바쁨 속에서 누리지 못한 진정한 평안함과 축복을 누리게 될 것입니다. 뜻밖의 모든 것을 은총으로 주시는 하나님 품에 안기는 큰 안식을 얻게 될 것입니다.

눈 먼 욕망의 불

어떤 계명을 어긴 것만 죄가 되는 것은 아닙니다. 쉬지 않고 겉으로는 그럴싸하게 가족을 위하여, 혹은 회사와 경제를 위하여, 혹은 나라와 겨레를 위하여, 또 때로는 하나님의 영광을 위한다며 실상은 제 욕망의 내리막길로 내닫는 그 일체의 분주함도 죄가 되는 것은 아닐까요.

분주함은 진실로 위장된 거짓일 수도 있습니다. 하나님께서는 눈 먼 욕망의 열차를 타고 달려가는 것을 원치 않으십니다. 그래서 우리 주님께서는 이렇게 말씀하셨습니다.

'다 내게로 오라 내가 너희를 쉬게 하리라' 마 11:22

이는 "그릇된 마음들이여, 이제 그 욕망의 불을 끄고 내게 와서 좀 쉬어라. 쉬지 못하니 내가 너희를 쉬게 하리라." 하는 말씀은 아니겠습니까?

구원!

그 구원의 진정한 중심에는 쉼, 안식이 있습니다.

사람의 때가 아닌,
하나님의 때를 따라야

총탄을 많이 쓴다고 사냥을 잘하는 것이 아니고, 말을 많이 한다고
말을 잘하는 것은 아닙니다. 한 방의 총탄으로 호랑이를 잡고, 한
마디의 말로 진리를 낚을 수도 있는 것입니다.

이렇게 되고자 한다면 사람의 시간이 아닌 하나님의 때를 따라야
합니다. 작은 부지런함을 벗고 큰 쉼과 여유를 가져야 합니다.

작은 근심을 벗고 죽음이라는 마지막 근심과 마주쳐야 합니다.
이러한 사람은 물고기는 잡지 못한 채 부산스럽
게 그물만 고치고 있지는 않을 것입니다.

혹시라도 하나님의 뜨거운 숨결과 마주치게 된다면 세례 요한처
럼 한 벌의 옷에 광야의 음식으로도 족하고, 우주에 남을 만한 소
리를 토해낼 수도 있게 될 것입니다.

또한 예수님처럼 십자가라는 쓴 잔이라도 받아들일 수 있는 힘도
생기게 될 것이며, 그것을 통해 이 땅에 하나님의 나라를 이루고
그 뜻을 실현하는 일도 할 수 있게 될 것입니다.

홀로 머물지 않는
현대인의 비극

현대인은 해가 뜨고 지는 자연의 리듬을 버리고 출근과 퇴근 시간에 맞춰 삽니다. 뿐만 아니라 밤도 낮도 따로 없습니다. 매순간 효율과 속도에 귀신 들린 듯 뛰고 있는 모습입니다.

그래서 요즘은 재테크만 아니라 시테크가 성공의 열쇠라고까지 외칩니다. 허겁지겁 달리는 삶의 시간에 채찍을 들어 더 달리라고 채근하는 것입니다.

하지만 재테크보다 더 중요하고 시테크보다 더 중요한 것은 쉼을 얻는 지혜입니다. 재테크나 시테크로 성공했어도 쉼을 얻지 못해서 돌연사하는 아까운 사람들이 우리 주변에 얼마나 많습니까?

우리가 사는 정보통신 사회는 창조성의 가치가 가장 중요한 시대입니다. 창조성은 어디에서 나오는 것입니까? 쉼의 여유로운 리듬을 가질 때 더 높아지는 것입니다.

그러기에 시간의 올무에서 벗어나 자유와 여유를 살려내야 합니다. 이를 위해서는 때때로 자기만의 공간에 홀로 머물러 있는 시간을 마련해야 합니다.

파스칼은 이렇게 말했습니다.

"모든 불행의 근원은 한 가지입니다. 즉 인간에게
는 조용히 홀로 자신의 방에 머물 수 있는 능력이
없다는 것입니다."

욕망의 줄로 짜깁기해 놓은 스케줄에서 벗어나 아무 일없이 하나
님 앞에 돌아와 홀로 머물러 있는 시간, 이 시간을 마련해야 됩니
다. 그러면 마음속에 깃드는 평화를 맛보게 될 것이고 또한 하나님
께서 주시는 한량없는 사랑과 창조의 에너지를 얻게 될 것입니다.

영적인 시간을 사는 법

신약 성경은 두 가지 시간을 말합니다.

한 가지는 크로노스라 하여 연대기적인 시간을 말하고, 또 한 가지는 카이로스로서 특별한 때를 이르는 시간을 말합니다.

영적인 길을 가는 사람은 연대기적인 시간 즉, 크로노스를 따라 살기보다 카이로스라는 하나님께서 이루고자 하는 결정적인 때를 읽고 살아야 합니다.

영적인 길을 보여주신 예수께서도 나의 때가 이르지 아니하였다고도 하셨고, 또 때가 이르렀다고 말씀하신 일이 있습니다. 그러기에 영적인 삶을 사는 사람들은 시간 안에서 살되, 크로노스라는 평면적인 시간 너머 하나님의 이끄심을 예감하고 징조를 포착하며 살아야 합니다. 이러한 노력 자체가 영적 생활이라고 해도 될 것입니다.

그렇다면 어떻게 해야 시간을 넘어 때를 살 수 있겠습니까?

우선 사람들이 욕망을 짜깁기해 놓은 손때 묻은 스케줄에서 벗어나야 합니다. 자기 생각으로 가

득 차면 하나님의 뜻을 따르기 어렵듯이 자기 스
케줄로 가득 찬 사람은 하나님의 때를 살기가 어
렵습니다. 또 하나님의 때를 따르지 아니한 이들은 분주하게
살아가지만 큰일은 이루지 못합니다.

때가 되어 가을이면 많은 수확을 절로 올리게 되듯 하나님의 때를
읽으며 그 때에 맞게 행하면 우리의 수고가 헛되지 아니할 뿐만 아
니라 하나님께서 이루고자 하시는 뜻을 이루고, 주와 함께 높은 길
을 가게 될 것입니다.

입을 다무는 것은
곧 무기를 내려놓는 것

우리가 입으로 하는 말은 지금까지 인류가 지닌 도구 가운데 가장 유용하고, 동시에 가장 무서운 무기입니다. 말로 문명을 이룩하기도 하고, 지옥을 만들어내기도 합니다.

말은 칼보다 더 무서운 것입니다.

외상을 입으면 치료를 받고 퇴원할 수 있지만 말로 상처를 받아서 정신병원에 입원한 이들에게는 퇴원이라는 것은 거의 없는 실정이니 말입니다.

그렇습니다. 인간은 말로 사랑을 노래하고 문명을 지어왔습니다. 또 말로 찬양을 하며 신앙을 고백하기도 했습니다. 하지만 다른 한편으로는 말로 자기 자신에게, 그리고 서로에게 피를 흘리고 상처를 입히고 죽고 죽이는 일을 펼쳐오기도 했습니다.

말은 보이지는 않지만 보이는 칼이나 불보다 더 큰 능력을 지닌 도구로써 우리 문명을 지어온 것입니다.

그러기에 때때로 입을 다문다는 것이 무기를 내려놓는다는 것이 될 것입니다. 그렇게 된다면 우리는 더욱더 평안함을 얻게 될 것입니다.

입을 닫고 귀를 연다면 평화가 첫눈처럼 내리게 되지 않겠습니까. 마음의 공간마저 고요함에 이르게 된다면 은혜로 주어진 우주라는 큰 세계와 이를 지어주신 분의 살아계심을 볼 눈이 열리게 될 것입니다. 그리고 내가 사랑해야 할 많은 사람이 내 눈앞에 펼쳐지게 될 것입니다.

침묵의 축복

영적 생활에서는 영적인 감수성을 유지하는 것이 대단히 중요합니다. 이를 위해서는 입을 닫고 귀를 여는 데 그 큰 비밀이 있습니다. 내적 침묵을 이룩해야 한다는 것이죠.

마더 테레사는 이러한 고백을 한 일이 있습니다.

"내적인 침묵은 어렵지만 우리는 이를 위해 노력해야 합니다. 우리는 침묵 안에서 새로운 에너지를, 참된 일치를 발견할 수 있습니다. 침묵에서 얻어지는 하나님의 에너지는 곧 모든 일을 잘하기 위한 에너지이기도 합니다. 이 모든 것은 기도를 위한 가장 기초적인 단계입니다. 그러나 첫걸음이 확고하게 되어 있지 않다면 하나님의 현존이라는 마지막 단계에도 도달할 수 없을 것입니다."

영적 생활을 위해서는 늘 침묵의 훈련을 해야 할 것입니다. 우리 속에서 부글부글 끓어오르는 소리를 기도와 찬양으로, 산책과 묵상을 통해 다 사라지게 해야 합니다. 마침내 입을 열어도 고요해지는 지경에 이르게 된다면 새로운 세상을 얻게 될 것입니다. 그리고 뜻밖에 소리 없는 소리가 찾아들어 하나님과의 속삭임을 나눌 수 있게 될 것입니다.

하나님께서 주시는 평안과 권능, 환함과 기쁨, 사랑의 기쁨이 우리의 내면을 가득 채우게 될 것입니다. 그래서 우리는 지고한 행복감과 하나님의 크신 사랑의 은총을 누리면서 살 수 있게 될 것입니다.

깨어 있는 자만이
살아 있다

영성의 길을 가고자 하면 우선 깨어나야 합니다. 더욱이 영성의 길
에서는 잠든 영혼이란 산 자로 취급하지 않습니다. 예수께서는 깨
어난 사람만을 산 자로 취급하셨던 것입니다. 마태복음에는 이런
이야기가 나옵니다.

제자 가운데 한 사람이 부친상을 당해 예수께 말씀을 드렸습니다.
"주님, 먼저 가서 아버지의 장례를 치르도록 허락해 주십시오."
그러자 예수께서 말씀하셨습니다.
"죽은 자의 장례는 죽은 자들이 치르게 두어라. 그리고 너는 나를
따라 오너라."

이 말씀은 예수께서 죽은 자 곁에서 애도하는 살아 있는 사람들도
죽은 자로 취급하고 있음을 보여주고 있습니다. 살아 있다고
다 살아 있는 것이 아닙니다. 깨어 있어야만 산 자

로 취급하는 것입니다.

그렇다면 깨어난다는 것은 무엇이며, 깨어난 영혼은 어떠한 상태가 되는 것일까요?

죄를 죄로, 문제를 문제로, 어둠을 어둠 그대로 보는 투명한 눈을 갖게 되는 것을 말합니다. 하나님을 떠난 인간이 비로소 집을 나간 것임을 깨닫고 다시금 영원한 하나님을 향하여 눈을 돌리는 것입니다.

이러한 영적인 오감이 살아나서 영적 감성이 회복된 깨어난 상태가 되면 주와 더불어 길을 떠날 수 있게 됩니다. 그리고 더 나아가 주의 진리와 사랑으로 깨달음을 얻고, 주와 더불어 영원한 여정에 오르게 되는 것입니다.

영혼의 몸살

영혼이 민감해지고 깨어나는 순간에 이르면 살아가고 있다는 사실이 뜻밖의 사태이며, 이윽고 우리 모두는 죽어야 한다는 날카로운 인식에 도달하고 맙니다.

이러한 어쩔 수 없는 생사의 사태에 직면해 본 영혼들은 비로소 성공으로 쌓아 놓은 안정과 풍요가 우리의 눈을 속이는 병풍에 지나지 않는다는 사실을 절감하며 목 놓아 울 수밖에 없는 현실에 전율하고 맙니다.

그러하기에 성공한 관리였던 니고데모는 어두운 밤을 틈타 예수께 찾아와 어떻게 하면 영생을 얻을 수 있겠느냐고 속 타는 마음을 털어놓을 수밖에 없었습니다.

더 이상 정복할 땅이 없어서 대서양 해변에서 한탄을 했다는 알렉산더 대왕도 젊은 나이에 세상을 떠나면서 '나의 관에 구멍을 뚫어 나 알렉산더도 죽는다는 사실을 세상이 볼 수 있게 하라' 하며 인생의 실상을 폭로하였습니다.

삶이란 성공과 실패, 혹은 승리와 패배라는 평면적인 게임으로 그치는 것이 아니라 삶과 죽음, 죽음과 영생이라는 또 다른 사태에 직면하여 이를 받아들이고 풀어내야 하는 것입니다.

이러한 삶의 사태로 인하여 독감을 앓듯 영혼의 몸살을 앓아 본 사람들은 세속적인 성공을 취급하지도 않은 예수님을 따라나섰고, 그들은 세상의 성공보다 더한 진리와 사랑과 영생을 얻게 되었습니다.

삶의 엑스터시를
느끼는 길

태어나기 이전과 이후, 삶과 죽음이라는 날카로운 대립, 삶의 사태를 경험할 수 있는 영혼을 지닌 사람만이 세상의 성공만으로 자족할 수 없는, 입체감 넘치는 삶의 감동과 호흡을 누리는 새로운 삶의 차원을 지니게 됩니다.

그랜드캐니언을 구경하던 관광객들에게 한 관광 안내원이 이렇게 주의를 줬습니다.

"여러분, 조심하십시오. 여기서 발을 헛디뎌 떨어진다면 시체도 찾을 수 없게 됩니다. 그러나 혹시 발을 헛디뎌 떨어지게 된다면 저쪽 건너편을 바라다보십시오. 경치가 기가 막힐 것입니다."

이것이 바로 우리가 처한 삶의 사태일 것입니다. 깨어났다고 하는 것은 수천 길 낭떠러지로 떨어지고 있다는 사실, 이것을 느끼는 것을 말합니다.

그리고 영성의 길이란 바로 수천 길 낭떠러지로 떨어지면서 절경을 감상하다가 주님을 만나 영원의 출구로 나가는 궤도 비행을 의미하는 것입니다.

어차피 발을 헛디뎌 떨어지는 것이라면 눈을 감기보다 마지막까지 절경을 감상하는 쪽을 택함이 어떨까요? 이것이 영성의 길이요, 삶의 엑스터시를 느끼는 길이며 우리의 존재를 빛나게 해줄 것입니다.
이미 옛집을 빠져나와 예수님를 따라 길을 떠남으로써 수천 길 아래 바닥에 떨어지기 전에 예수님과 함께 탈출한 이들이 있었습니다. 우리도 그들 가운데 하나가 되면 얼마나 값지겠습니까.

영적 자각을
얻은 삶

영적 자각에 이른 사람들은 어떠한 삶을 살게 될까요? 그들은 더이상 작은 욕망과 죄로 얼룩진 채 살 것이 아니구나, 하는 깨달음을 얻고 삽니다. 이러한 자각은 내적인 자발성을 일으켜서 옛것을 털어 버리고 죄의 고백을 하게 되고, 이로 인해서 속죄의 은총을 입게 됩니다.

그런 사람들은 자신의 옷 속에 감춰진 자신의 체온과 심장의 맥박과 더운 입김이 신비로운 현상임을 눈치 채고 자기 한 몸뚱이가 천하보다 귀한 것임을 뼈저리게 느끼게 됩니다.

그리고 지극히 작은 존재 속에서 그리스도도 발견하게 되는 깊이 있는 눈도 갖게 되고, 작은 자들을 위하여 자신의 주머니를 털 수 있는 마음도 갖게 됩니다.

또한 삶의 사태를 맞이하여 길을 가고 있는 동료들이 눈이 시리도록 선명하게 시야에 들어오게 될 것입니다. 그래서 이윽고 이 길을 가고 있는 많은 사람들이 눈에 들어와 그들을 위하여 가진 것을 나눌 수도 있고 진실한 사랑을 나눌 수도 있게 됩니다. 아가페의 공간을 가지게 되는 것입니다.

그리하여 이웃을 내 몸처럼 사랑하고픈 파도에 떠밀려서 늘 많은 사람과 사랑을 나누며 살게 됩니다. 어린아이와 같은 심정이 되어서 세상 높이 우러르는 부귀와 권좌와 자유를 누리고 살기도 합니다.

많은 것을 가졌어도 하나님 앞에서는 거지의 심정으로 기도하게 되고 흙과 같은 온유와 겸손의 성품을 얻게 됩니다. 이러한 이가 길이신 예수님 안에 베드로처럼 자기 삶의 길을 확고하게 내고 진리이신 예수님 품안에서 자기의 삶의 뿌리를 내리게 됩니다.

천국은 지금 여기에

어떤 분이 몇 해 전 뇌출혈로 쓰러졌습니다. 다행히도 며칠 만에 다시 눈을 뜨게 되었습니다. 그는 눈을 뜨면서 천국에 온 줄 알고 감격스런 마음으로 이제 천국에 왔으니 하나님은 어디 계실까, 하고 사방을 둘러보았습니다.

햇빛과 하늘과 산과 들, 사람들과 창밖의 도시와 집들이 예전의 것들이 아니었습니다. 경이롭고 너무나 아름다웠습니다. 탄성을 지르지 않을 수 없었습니다. 그런데 자세히 보니 이전에 살던 곳이었습니다.

'존재하는 모든 것이 기적이고 은총이구나! 그동안 살아왔던 이 세상이 알고 보니 천국이구나!'

천국에 온 마음으로 세상을 바라다보니 어디나 하늘나라로 바뀐 것이었습니다.

그 분은 퇴원하면서 만나는 사람마다 붙잡고 안녕하십니까, 안녕하십니까, 하면서 반갑게 인사를 나누고 싶은 마음을 억누를 수가 없었다고 합니다.

이것이 바로 거듭난 사람들의 눈에 비친 세상이며 거듭난 사람이 사람을 대하는 자세가 아닐까요? 그리고 이 세상이 하나님께서 지어서 우리에게 선물로 주신 은총의 세계라는 것을 자각한 사람도 이 같은 눈으로 세상을 바라보며 이웃을 사랑하고 싶어지지 않을까요?

천국은 내일에 있는 것이 아니라 지금 여기에 있는 것이고, 천국은 저 밖에 있는 것이 아니라 내 마음이 변하면 내 안이 곧 천국입니다. 천국은 하나님의 은총을 입은 마음이 지금 여기에서 누리는 축복입니다.

주께서 이렇게 말씀하셨습니다.

"천국은 너희 안에 있다."

사탄의 최후 유혹

어떠한 처지에서도 하나님께 감사하며 천국을 사는 사람들이 있었습니다. 이때 사탄이 하나님께 찾아와 속삭였습니다.

"하나님, 저들이 믿음을 지키며 감사하며 사는 까닭은 하나님께서 많은 복을 주시니까 그렇지, 저들을 보고 너무 흡족해 하실 일이 아닙니다. 제가 한 번 시험을 해 볼까요?"

사탄은 결국 하나님께로부터 세 번의 시험의 기회를 얻었습니다.

사탄은 우선 좋은 외투를 빼앗았습니다.

그랬더니 사람들은 말했습니다.

"그래도 아직 벌거벗지 않았으니 다행 아닙니까."

화가 난 사탄은 이번에는 큰 기근을 보냈습니다. 사람들은 겨우 한 끼만을 연명하며 말했습니다.

"한 끼는 먹을 수 있으니 얼마나 다행입니까."

더욱더 성이 난 사탄은 천국을 사는 이들의 마을에 불을 놓았습니다. 집이란 집은 다 타버리고 말았습니다. 그랬더니 불을 끄고 난 사람들은 연기 속에서 눈물을 흘리며 말았습니다.

"그래도 목숨은 건졌으니 얼마나 다행입니까."

사탄이 패하고 말았습니다. 그러나 고집스런 사탄은 하나님께 한 번의 기회를 더 간청하여 시험하였습니다. 사탄은 이번에 최후의 비책을 내놓았습니다.

'천국의 마음에 탐욕의 불을 붙이자.'

사탄은 잠자는 사람들의 콧속으로 탐욕을 불어넣었습니다.

그러자 사람들이 말했습니다.

"좀 더 가졌으면 좋았을 텐데, 좀 더 가졌으면 여한이 없을 텐데."

모두가 부족함을 느끼기 시작했습니다. 결국 지옥이 만들어졌습니다. 천국은 마음이 가난해야 얻어지는 것입니다.

한 번도
산 적이 없는 사람

한 사람이 병으로 죽어가고 있었습니다. 그는 찾아온 친구를 붙잡고 살려달라고 애원했습니다. 그러나 찾아온 친구는 아무 말을 하지 않았습니다. 그는 친구를 붙잡고 제발 살려달라고 다시 애원했습니다. 그러자 친구가 말했습니다.

"자네는 죽지 않네."

"아니 무슨 이야긴가. 나는 이렇게 죽어가고 있지 않은가. 나를 좀 살려주게!"

그러자 친구가 다시 말했습니다.

"글쎄 자네는 죽지 않는다니까. 자네는 아직까지 살아본 적이 없기 때문에 죽지 않는다는 말일세."

순간 죽어가던 친구는 몸을 푸르르 떨더니 한동안 말을 하지 않았습니다. 그리고 얼마 후 눈물을 펑펑 쏟고 나서 편안해진 얼굴로 말을 하였습니다.

"친구, 참으로 고맙네. 참으로 삶을 삶으로 살지 못하였으나 이 순간 내가 깨어나 삶을 삶으로 대하고, 죽음을 죽음으로 대하게 해줬으니 참으로 고맙네."

그는 마지막 순간이나마 삶을 삶으로 여기며 세상을 마감하였습니다.

욕망과 두려움 사이에서 이리 쫓기고 이리 몰리며 살아가는 인생의 발길이 진정 살아 있는 것일까요? 돈과 자리에 눈이 어두워진 채 초조하게 살아가는 것이 진정한 삶이라고 말할 수 있을까요?

생명은 창조주께서 주시고 몸은 부모가 낳아 주는 것이지만 삶은 스스로 낳는 것입니다.

2장
수고

사람들이 사는 동안에 기뻐하며 선을 행하는 것보다
더 나은 것이 없는 줄을 내가 알았고
사람마다 먹고 마시는 것과 수고함으로 낙을 누리는 그것이
하나님의 선물인 줄도 또한 알았도다

전 3:12~13

삶의 신비와 감사

인생에서 원 없이 이룰 것을 다 이루고, 겪을 것을 다 겪으면서 삶을 가장 깊이 살피고 또 살펴보면 어떤 지경에 이를까요? 첫째는 도덕심이요, 둘째는 삶은 다 알 수 없다는 신비일 것입니다. 이것이 바로 전도서를 지은 이의 지혜였습니다.

그렇다면 삶을 다 겪고 깨달은 자가 만난 덧없음의 공허와 삶에 대하여 다 알 수 없다는 그 무지無知의 지知에 이른다면 어떠한 삶의 길을 걷게 될까요?

'사람들이 사는 동안에 기뻐하며 선을 행하는 것보다 더 나은 것이 없는 줄을 내가 알았고 사람마다 먹고 마시는 것과 수고함으로 낙을 누리는 것도 하나님의 선물인 줄도 또한 알았도다'
전 3:12~13

'사람이 먹고 마시며 수고하는 것보다 그의 마음을 더 기쁘게 하는 것은 없나니 내가 이것도 본즉

하나님의 손에서 나오는 것이로다 아, 먹고 즐기
는 일을 누가 나보다 더해 보았으랴' 전 2:24~25

권력을 추구하여 왕위를 누리고 부를 추구하여 천하를 얻어 보아
도 결국 삶의 의미는 하루하루 평범한 일상 속에서 누리는 기쁨
과 보람보다 더 값진 것은 없다는 것을 전도서의 지은이 솔로몬
은 고백하고 있는 것입니다.

내가 있어야
구원도 있다

한 젊은이가 높은 경지에 이른 한 수도자를 찾아가 물었습니다.

"선생님, 어떻게 해야 구원을 얻겠습니까?"

수도자는 대답이 없었습니다.

젊은이는 다시 물었습니다.

"선생님, 어떻게 해야 제가 구원을 얻겠습니까?"

수도자는 여전히 대답이 없었습니다.

젊은이는 이 분이 귀가 어두워서 그런가 하고 귀에다 대고 큰소리로 되물었습니다.

"선생님, 어떻게 해야 제가 구원을 얻겠습니까?"

수도자는 대답했습니다.

"내가 누구에게 말해야 되지?"

"아니 여기 저 말고 누가 또 있습니까. 제게 말씀해 주십시오."

그러자 수도자는 다시 말했습니다.

"내가 보기에는 자네가 아직 없는데 누구에게 말해 준단 말이오?"

벼락이 치더라도 벼락을 맞을 돌이나 나무가 있어야 하듯, '나'라고 하는 주체가 없다면 누가 누구를 구원할 수 있겠으며, 누가 또 영생을 얻고 누가 또 진리를 얻을 수 있겠습니까?

나라고 하는 존재가 없는데 누가 구원을 얻으며 누가 예수를 따르며 누가 하나님을 만난단 말입니까? 진정 남이 아닌 나, 남들이 입력해 놓은 프로그램에 따라 사는 것이 아닌, 순수한 나를 되찾아야 비로소 삶과 사랑과 구원을 받을 실체가 마련될 것입니다.

진정한
하나님의 자녀

이 세상에 왔다 가는 사람 중에 일부는 소모품인 양 그저 왔다가
사라져 갑니다. 일부는 또 사람들을 부리고 세상을 휘저으면서 살
아보지만 정작 천하보다 귀한 자기 자신을 만나지 못한 채 커다란
무덤만을 남기고 사라집니다.

하지만 소수의 깨어난 이들이 있습니다. 세상의 가문과 문벌, 세
상의 권세를 다 내려놓고 그 속에 감춰진 지울 수 없는 '나'를 만
나서 영성의 길을 가는 사람들이 있습니다. 바로 이들이 창조주의
숨결을 따라 영원한 생명의 길을 찾아가게 됩니다.

그들은 그 길에서 우리는 왜 예수님의 길이 영원한 길
인가를, 왜 예수님을 가리켜 주님이라고 부를 수
밖에 없는가를 깨닫고 그 분과 더불어 삶을 살아
갑니다.

하나님의 자녀란 바로 이러한 여정 속에서 창조주의 살아 있는 숨
결을 느끼며 하루하루 삶을 충만하게 살아가는 사람입니다.

이미 사탄이 원하는
길을 가고 있으니

한 젊은이가 목사를 찾아와 물었습니다.

"목사님, 사탄이 유혹할 때 어떻게 하면 빠지지 않을 수 있겠습니까."

그러나 목사는 대답하지 않았습니다.

"목사님, 어떻게 하면 사탄의 유혹에 빠지지 않을 수 있겠습니까."

그래도 목사는 묵묵부답이었습니다. 젊은이는 또다시 물었습니다. 그러자 목사는 억지로 입을 떼며 말했습니다.

"여보게, 자넨 염려하지 않아도 되네. 자넨 이미 사탄이 원하는 길을 가고 있으니 말일세."

혹 우리는 차분히 자기 자신의 모습을 발견하기보다는 늘 사탄이나 남들 때문에 자신의 삶과 영혼이 위협받고 있다고 생각하고 있는 것은 아닐까요.

자신의 실상을 읽을 수 있는 사람은 이미 새사람의 길에 첩어든 사람입니다.

복음은 지식과 정보와는 다른 세계

마더 테레사가 호주를 방문했을 때 일입니다. 수행원이 된 프란시스코 수도회의 젊은 수사는 테레사 수녀와 많은 대화를 하리라 마음이 부풀었습니다.

그러나 테레사 수녀의 일정이 너무나 바빴습니다. 결국 대화 한 번 제대로 못했는데 테레사 수녀는 뉴기니아로 떠나게 되었습니다. 이를 아쉬워하던 수사는 테레사 수녀에게 말했습니다.

"뉴기니아로 가는 여비를 제가 부담한다면 비행기 옆자리에 앉아서 말씀을 나누며 배울 수 있겠습니까."

그러자 마더 테레사는 그를 똑바로 쳐다보며 말했습니다.

"뉴기니아로 갈 항공료를 낼 만한 돈을 갖고 계신가요? 그러면 그 돈을 가난한 사람에게 나누어 주십시오. 그러면 내가 말해줄 수 있는 그 어떤 것보다 더 많은 것을 배울 수 있을 것입니다."

복음적 진리는 지식에서 나오는 것이 아니라 사

랑에서 나옵니다. 복음의 진리가 탁상공론에서 나온 것이 아니라 희생적 십자가에서 나왔기 때문입니다. 그러하기에 그리스도인으로서 배움을 얻고자 하면 자기의 십자가를 지고 우는 이와 함께 울고 기뻐하는 이와 함께 기뻐하는 삶에서 얻게 되는 것입니다. 복음은 지식과 정보가 아니라 삶이며, 생명이며, 구원이기 때문입니다.

영혼의 가벼움

젊은 나이에 천하를 얻었던 알렉산더 대왕이 당대의 현인 디오게네스를 만났습니다. 알렉산더 대왕은 자신도 아리스토텔레스로부터 큰 배움을 받았기에 디오게네스에게 호의를 베풀고자 했습니다.

"그대가 필요로 하는 것을 베풀기를 원하오."

디오게네스는 대답했습니다.

"아, 감사합니다. 그럼 자리 좀 비켜 주시지요. 그저 해를 가리지 않으면 감사하겠습니다."

디오게네스는 우쭐거림도, 거부감도 없이 고요한 목소리로 그저 해를 가리지 않았으면 감사하겠다고 말했을 것입니다. 참으로 부족함이 없는 대답입니다.

이는 성공과 실패를 조마조마한 마음으로 운전하며 승리의 벼랑을 오르던 길에서 벗어나 무한한 창공으로 날아오르는 영혼의 그 가벼움과 진리의 묵직함을 느끼게 해주는 모습입니다.

세상 사람 눈에는 거지처럼 보였던 디오게네스. 그는 마음의 천국을 이룬 사람입니다.

우리 모두도 디오게네스가 누린 영혼의 가벼움, 자유와 기쁨과 여유를 가질 조건을 다 갖추고 있지 않습니까? 다만, 우리에게는 그것을 누릴 마음의 준비가 되어 있지 않을 뿐일 것입니다.

'심령이 가난한 자는 복이 있나니 천국이 그들의 것임이요' 마 5:3

몽땅 다 주고 나면
오늘 난 뭘 하라고

한 할머니가 생선을 깨끗하게 말려 장터에 나와 계셨습니다. 하도 깨끗하게 잘 말린 생선인지라 그냥 지나칠 수가 없었습니다.

"할머니, 그거 얼마예요. 몽땅 다 주세요."

할머니는 즉각 대답했습니다.

"안 돼. 다 못 줘."

"할머니, 달라는 대로 값을 다 쳐드릴 테니 몽땅 다 주시지요."

할머니는 고개를 가로저으며 대답하셨습니다.

"몽땅 다 주고 나면 오늘 난 뭘 하라고."

몽땅 다 주고 나면 오늘 난 뭘 하라고, 하는 이 말은 소유에 물들지 않은 순박한 목소리였습니다. 장터에 나가자마자 몽땅 다 팔아 한 번에 이익을 남긴다면 얼마나 좋은 일이겠습니까. 그러나 이보다 더 좋은 일이 인생에는 있다는 것입니다. 그것은 바로 하루를 스스로 해야 할 바를 하며 즐거이 잘 보내는 일입니다.

우리의 일생도 물질에 흔들려 일확천금을 얻기보다는 마음을 잘
지켜 하루하루 의미 있게 기쁜 마음으로 살아가는 것, 그 자체가
값진 일이 아니겠습니까.
잠언의 말씀입니다.
'모든 지킬 만한 것 중에 더욱 네 마음을 지키라
생명의 근원이 이에서 남이니라' 잠4:23

삶의 길에서
남겨야 할 것

훌륭한 화가는 어떻게 붓을 떼어야 하는지를 알고, 훌륭한 지휘자는 어떻게 연주를 마감해야 하는지 압니다. 우리들 삶도 어떻게 정리하고 마감해야 하는지를 잘 알아야 훌륭한 삶이라고 하는 작품을 남길 수 있게 됩니다.

이를 위하여 삶의 길에서 남기지 말아야 할 것과 남길 것을 분명히 해두어야 합니다.

첫째는 아쉬움을 남기지 말고 기쁨을 남겨야 합니다.

우리는 때때로 놓친 고기를 아쉬워합니다. 그러나 놓친 고기는 본래 내 것이 아니었기에 내게 오지 않은 것입니다. 환영에서 벗어나 삶의 아쉬움을 남기지 말고, 지금 순간순간을 기쁨으로 채우십시오.

둘째는 회한을 남기지 말고 참회를 남겨야 합니다.

그렇게 했으면 좋았을 것을, 혹은 나는 왜 이렇단 말인가 하는 회한이나 자탄을 남기지 마십시오. 회한은 삶에 실재하는 현상이 아니라 망상이고 나약함의 증거일 뿐입니다.

회한은 회한을 낳고 매순간 삶의 밑바닥에 구멍을 냅니다. 과거는 이미 지나갔으니 회한을 버리고 참회를 하십시오. 참회는 과거를 벗고 새날을 새롭게 맞도록 하는 영적인 힘과 은총을 얻게 합니다.

셋째는 치적을 남기지 말고 감사를 남겨야 합니다.

자화자찬으로 치적을 남기는 것은 영적 빈곤을 드러내는 것이며 삶의 깊음과 은총의 높음을 알지 못하기 때문입니다. 그렇지 않다면 삶에 아쉬움을 가진 거짓된 미화일 뿐입니다.

살아서 스스로 동상을 세운 이들이 어떠한 최후를 맞이했는가를 생각해 보십시오. 높은 하나님의 은총을 아는 이에게 남는 것은 감사뿐입니다.

두드리라
열릴 것이니

한 소년이 뒷마당에서 끙끙대며 무거운 돌을 들어 올리고 있었습니다. 소년은 있는 힘을 다해 돌을 들어 올렸지만 돌은 꿈쩍도 하지 않았습니다. 이때 소년의 아버지가 물었습니다.

"애야, 그 돌을 들어올리기 위해 네가 할 수 있는 일을 다 했느냐."

소년은 풀이 죽어 대답했습니다.

"그럼요, 다 했고 말고요."

"정말 다 했다고 생각하느냐. 아직 나한테는 도움을 청하지 않았잖느냐."

우리는 스스로 최선을 다해야 할 것입니다. 그러고도 할 수 없다면 하늘의 도움을 청해야 합니다. 이때에 청하는 도움은 최선을 완성하는 일이 될 것입니다.

'구하라 그리하면 너희에게 주실 것이요 찾으라 그리하면 찾아낼 것이요 문을 두드리라 그리하면 너희에게 열릴 것이니' 마7:7

믿음의 팔을 펴서

세 사람의 구도자가 진리를 얻고자 길을 떠났습니다. 그런데 이들이 사막에서 길을 잃고 말았습니다. 그러나 다행히 큰 바위 그늘을 발견해 피신하게 되었습니다.

하지만 첫날 한 사람은 목이 타 죽고 말았습니다. 다행히 남은 두 사람은 그 바위 밑에서 오아시스를 발견하게 되었습니다. 그런데 물은 떠 마시려고 보니 그것은 돌벽에 새겨진 벽화였습니다.

그날 밤 목이 타 또 한 사람이 죽고 말았습니다. 얼마 후 남은 한 사람도 죽을 지경에 이르렀습니다. 그는 죽음에 다다랐지만 삶을 포기하지 않았습니다.

그는 진리를 얻기 전에 이렇게 삶을 포기할 수 없다며 살 길을 계속 찾았습니다. 그러던 중 벽에 그려진 오아시스에 손을 집어넣으며 물을 마시고자 했습니다. 그랬더니 웬일입니까? 그 돌벽에서 샘이 솟는 것이었습니다. 그 구도자는 그곳에서 물보다 귀한 깨달음을 얻게 되었습니다. 포기하지 말고 움츠러든 믿음의 팔을 펴서 우리는 두드려야 합니다.

내가 너희를
사랑한 것 같이

예수를 만났던 이들이 결국 예수를 잊지 못하게 된 까닭은 무슨 이유 때문이었을까요? 예수께서 잘 가르쳤기 때문이었을까요? 잘 가르치셨지만 그 때문만은 아니었을 것입니다. 또 병든 이를 치유해주셨기 때문이었을까요? 그렇게 하셨지만 치유의 능력을 보였기 때문에 그렇게 된 것만은 아닐 것입니다.

이유는 그 분이 사람들을 지극히 사랑했기 때문입니다. 예수께서는 첫사랑에 눈이 먼 사람보다 더 눈이 먼 사람처럼 자신을 내주며 사랑하셨습니다. 어머니가 자기가 낳은 자식을 사랑하는 것보다 더 아끼며 희생적으로 사랑하셨습니다.

아버지가 제 자식을 보호하는 것보다 더 크게 눈을 부릅뜬 사랑으로 지켜 주셨습니다. 인생에서 만남의 깊이를 깨달은 자가 나누는 우정으로도 다 이룰 수 없는 신의로 사랑하셨습니다.

예수께서는 그 누구도 그렇게 사랑할 수 없는 사랑으로 사랑하셨기에 그 사랑에 눈이 멀어 그의 제자들은 새로운 세상에 눈을 뜨게 되었고 그로 인해 주를 따라 영원한 길로 나아가게 된 것입니다.

예수께서는 죽음을 앞둔 날 밤 이렇게 유언을 남기셨습니다.

'내 계명은 곧 내가 너희를 사랑한 것같이 너희도 서로 사랑하라 하는 이것이니라' 요 15:12

그리고 예수께서는 당신의 제자들이 영혼의 친구가 될 수 있도록 허락하시며 이렇게 말씀하셨습니다.

"내가 너희에게 명한 것을 너희가 행하면 너희는 나의 친구이다. 이제부터는 내가 너희를 종이라고 부르지 않겠다. 종은 그의 주인이 무엇을 하는지 알지 못한다. 나는 너희를 친구라고 부른다. 내가 아버지에게 들은 모든 것을 너희에게 알려 주었기 때문이다."

그리고 그 제자들, 영혼의 친구를 위하여 생명을 내줌으로 예수께서는 사랑의 완성을 보여 주셨습니다.

'사람이 친구를 위하여 자기 목숨을 버리면 이보다 더 큰 사랑이 없나니' 요 15:13

사랑은 서로를 완전하게 묶는 띠

어느 부부가 자동차로 먼 여행길에 올랐습니다.

길을 가던 중 인적이 드문 시골에서 연료가 다 떨어져 오도 가도 못하게 되었습니다. 이때 트랙터로 밭을 갈던 농부에게 찾아가 주유소까지만 견인해 달라고 부탁했습니다. 그러자 농부는 우리 돈으로 10만원도 더 되는 100달러를 요구하는 것이었습니다. 부부는 별 도리가 없어 그렇게 하기로 했습니다. 얼마 후 끌려가는 차 안에서 아내는 볼이 부은 채 말했습니다.

"세상에, 차를 끌어주면서 100달러나 달라는 수전노가 어디 있어요?"

"그래, 그래서 내 맛 좀 보여주고 있소. 자, 내 발을 봐요. 이렇게 복수를 하고 있잖소."

남편은 처음부터 브레이크를 꼭 밟고 있었던 것입니다.

얼마 후 부부의 자동차 타이어는 헤지고 브레이크는 파열되고 말았습니다.

우리는 지금 자기가 아쉬운 때의 상황은 싹 잊어
버리고 오직 자기 생각에 부당하다고 생각하는
것에만 집착해서 더 큰 가치를 잃고 자기 삶까지
도 파열시키고 있는 것은 아닙니까.

'그러므로 너희는 하나님이 택하사 거룩하고 사랑 받는 자처럼 긍
휼과 자비와 겸손과 온유와 오래 참음을 옷 입고 누가 누구에게 불
만이 있거든 서로 용납하여 피차 용서하되 주께서 너희를 용서하
신 것 같이 너희도 그리하고 이 모든 것 위에 사랑을 더하라 이는
온전하게 매는 띠니라' 골 3:12~14

나이든 후에는
작은 것들을 사랑해야

젊어서는 큰 꿈을 꾸고 나이가 들어서는 작은 것들을 사랑해야 합니다. 나이가 들면 남은 시간이 많지 아니하기에 주어진 것들로 행복해야 합니다.

나이가 들어서도 중단 없는 전진과 노력을 한다면 어리석은 것입니다. 그러한 목소리를 내는 대다수 이들은 마감 시간에 쫓기는 초조한 마음 때문입니다. 마감 시간에 쫓긴 공사는 부실공사가 되고, 마감 시간에 쫓긴 글은 훌륭한 글이 될 수 없습니다.

진정으로 그 시간 안에 할 수 있는 것이 무엇인지 정하고 여유롭게 작품을 만들어내야 할 것입니다. 그래야 작품다운 작품을 만들 수 있고 그것을 남길 수 있습니다.

그러기에 나이가 들면 참된 것과 헛된 것이 무엇인지 최종적으로 결론을 짓고 자신의 길이 분명히 어디로 가고 있는지 알고 자신의 길을 최종적으로 하나님의 섭리를 벗어나지 않도록 해야 합니다.

해가 기울 때에는 길이 어딘가를 확실히 기억해 두고 그 길로 나아가야 하기 때문입니다.

해가 기우는데 숲으로 들어가면 길을 잃고 말 것입니다. 나이가 들어갈수록 무슨 일을 하든지 하나님의 섭리에 따라 자연스러워야 합니다. 젊어서는 꿈을 꾸고 도전해야 하지만, 나이가 들어서는 삶의 시작과 끝을, 그것을 넘는 영원한 시간 속에서 지금 이 순간을 값지게 살아야 합니다. 그리고 기쁨과 깊이를 느끼면서 살아야 할 것입니다.

생명에 이르는 좁은 길

가인은 자신이 드린 제사를 하나님께서 받아주시지 않자 엉뚱하게 자기 동생 아벨을 쳐 죽입니다. 동생 아벨이 무슨 잘못이 있었겠습니까? 제사를 받아주거나 거부한 사람은 하나님인데.

논리적으로 말하자면 분노는 하나님께 향해야 할 것이 아벨에게 향한 것입니다. 이는 내적 혼돈입니다. 왜 이러한 현상이 일어났을까요? 질투 때문입니다.

질투는 왜 일어날까요. 대부분 다른 이의 성공에 대한 두려움 때문입니다. 자신이 낙오했다는 사실과 다른 이의 성공이 질투를 유발하는 것입니다. 또 이 두려움의 해일이 살인을 부른 것입니다.

두려움이란 에너지는 누구나 다 갖고 있는 것입니다. 그러기에 이를 원죄로 파악하기도 합니다. 이는 인간 모두의 비극이며 영적인 숙제입니다. 그렇다면 이 숙제를 푸는 길은 무엇이겠습니까?

우선 가인은 자기 자신을 바라봐야 했습니다. 그리하여 자기 속의 두려움을 대면하고 분노를 피했어야 합니다. 그렇지 않다면 하나님께 왜 나의 제사는 받지 아니하셨냐고 질문을 했어야 합니다.
만일 그 질문이 아니라면 말없이 기다리든지 순종했어야 합니다.
하나님께서는 질문하는 자에게는 답을 주시고 기다리는 자는 만
나 주시기 때문입니다.

그리고 순종하는 자에게 예비된 복을 내려주십니
다. 믿음의 길을, 영성의 길을 가고자 하면 절대
이 길을 벗어나서는 안 됩니다. 질문하든지 기다리든지
순종하는 이 길이 생명에 이르는 좁은 길입니다.

오라 하여 갔더니

'오라 하여 갔더니 절벽이었다.

뛰어내리라 하여 뛰어내렸더니 날아올랐다.'

이것이 순종의 미학입니다. 순종은 항상 절벽 앞에서 요구되어 왔던 것입니다.

지금까지 걸어온 삶의 길에서 뛰어내리라는 하나님의 음성을 듣지는 않았습니까? 그때 뛰어내려 보셨습니까. 그 결과는 어떠하셨습니까? 혹시 두려워 뛰어내리지 못하셨습니까?

아브라함은 100세에 얻은 하나뿐인 자식을 태워서 번제로 바치라는 명령을 받았습니다. 절벽 앞에서 순종을 요구받았던 것입니다.

뛰어내리라!

아브라함은 뛰어내렸습니다. 즉 아브라함은 하나님의 음성을 들은 즉시 아침 일찍 일어나 나귀에 안장을 지우고 모리야 산으로 떠났습니다. 그리고는 장작더미에 자식을 올리고 칼을 들이댔습니다. 순간 하늘에서 음성이 들렸습니다.

"그 아이에게 네 손을 대지 말라. 아무 일도 그에게 하지 말라. 네가 네 아들, 네 독자라도 내게 아끼지 않았으니 내가 이제야 네가 하나님을 경외하는지를 아는지라."

아브라함이 절벽에서 뛰어내리라 할 때 뛰어내리자 하나님이 그 넓고 큰 너그러운 품으로 그를 안아주셨던 것입니다. 그리하여 아브라함은 민족의 아버지가 되고 복의 근원이 되었습니다.

예수 그리스도께서는 젊디젊은 30대에 십자가 앞에서 요청을 받았습니다. 그 분이 뛰어내림으로써 부활로 하늘 높이 들려 올라갔습니다. 그로 인해 우리들도 구원의 들림을 받게 된 것입니다.

이기려 말고
겨루기만 할 것

한 젊은 무사가 수없이 많은 좌절 끝에 마지막이라 여기며 머나먼 길을 지나 큰 스승을 찾아가 여쭸습니다.

"선생님께서는 어떻게 하셔서 큰 무예를 이루셨습니까? 가엾은 제게 좀 알려 주십시오."

평소에는 쉽게 입을 열지 않던 분이 이날만은 젊은 무사의 진지함이 마음에 들어 입을 열었습니다.

"이기려 하지 않아야 하네."

"아니, 어떻게 이기려 하지 않고 겨룰 수 있습니까?"

"물론 어렵겠지. 하지만 겨루기만 하란 말일세."

"어찌 그게 가능합니까."

"상대를 미워하지 말고 칼을 잡을 것, 자신을 드러내려하지 말고 칼을 들 것, 죽음을 두려워하지 말고 칼을 쓸 것. 그렇게 된다면 자네에게 남는 건 오직 칼과 칼이 겨루는 무예만이 남을 걸세."

그렇습니다. 사람을 미워하지 않으며, 자신을 드러내려 하지 않으며, 죽음조차 두려워하지 않은 채 삶이라는 칼을 쓴다면 우리에게 어떤 삶이 펼쳐지게 되겠습니까?
미움을 넘어 사랑하고, 낮은 삶의 자리로 내려오셔서 죽음의 십자가 한복판을 지나신 분의 형상이 떠오르지 않습니까!

루이 암스트롱의 몰입

미국 남부 어느 술집에서 한바탕 싸움이 벌어졌습니다. 경찰이 도착했을 때는 손님도 악단도 지배인도 모두 떠나버린 후였습니다. 그런데 난장판이 된 홀 한쪽 구석에 흑인 한 사람이 트럼펫을 불고 있었습니다. 경찰이 그에게 물었습니다.

"싸움을 건 사람이 누구였소?"

"아니, 누가 싸움을 했습니까?"

트럼펫 연주자는 진정 싸우는 줄도 모르고 연주했던 것입니다. 이 사람이 바로 재즈 트럼펫의 대가 루이 암스트롱이었습니다.

루이 암스트롱은 처음 연주를 하던 시절부터 손님이 있거나 없거나, 팁이 많거나 적거나 상관 없이 자신의 연주에만 몰두하였다고 합니다.

자신이 하고 싶은 음악을 사랑하고 그 음악을 연주하면서 그 연주에 취한 사람. 이렇게 자신의 삶을 진실로 사랑하며 하고 싶은 일에 열정적으로 뛰어드는 사람은 천 마디 만 마디 옳은 말로 정의와 진리를 외치는 사람

보다 더 큰 영향을 끼치면서 이 세상을 아름답게
합니다.

그리스도를 진리로 받아들인 사람들. 그들은 그리스도의 가르침
과 삶을 악보로 여기고 그것을 자신의 삶으로 연주하며 그 연주에
취해서 부족을 모르고 사는 순박한 열정을 가진 사람들입니다.

'내 이름으로 무엇이든지 내게 구하면 내가 행하리라 너희가 나를
사랑하면 나의 계명을 지키리라' 요14:14~15

간디의 언행일치

사람이 신뢰를 받고 존경을 받으며 영적으로 힘 있는 사람이 되기
위해 필수 불가결의 것은 무엇이겠습니까?

가장 기본적인 것은 언행의 일치입니다. 한 사람
의 입에서 나온 말이 그의 행위가 될 수 있을 때에
야 신뢰와 존경이 생기며, 그 본인도 영적으로 힘
있는 삶을 살게 됩니다.

간디에게 한 여인이 어린아이를 데리고 와 부탁하였습니다.

"선생님 제 자식이 단것을 하도 좋아해서 이가 썩고 있습니다. 단
것을 먹지 않도록 따끔하게 말씀 좀 해 주십시오. 제가 말해서는
소용없습니다."

간디는 잠시 생각하더니 1주일 후에 오라고 하였습니다. 여인은
1주일 후에 다시 찾아왔습니다. 이때 간디는 말했습니다.

"애야, 단것은 해로우니 많이 먹지 말도록 하여라."

그리고는 그는 더 이상 아무 말이 없었습니다. 여인은 의아해서 간

디에게 물었습니다.

"선생님, 그런 말씀이라면 지난번 왔을 때 해주셨어도 되지 않았습니까?"

간디는 대답했습니다.

"그렇긴 하지. 그러나 그때는 나도 단것을 즐기고 있었거든."

말의 힘은 삶과 말이 일치될 때 생기게 됩니다. 이는 또한 그 존재의 힘을 기르게도 해줍니다. 간디는 이를 위하여 매주 월요일을 침묵하는 날로 삼고 영적생활을 했습니다.

3장

감사

나는 비천에 처할 줄도 알고 풍부에 처할 줄도 알아
모든 일 곧 배부름과 배고픔과 풍부와 궁핍에도
처할 줄 아는 일체의 비결을 배웠노라

빌 4:12

신앙적 진리란
삶의 진실

한 젊은이가 스승을 찾아와 물었습니다.

"어떻게 해야 진리를 얻을 수 있겠습니까."

말이 없던 스승은 곁에 있던 어항을 지팡이로 내리쳤습니다. 어항이 깨지고 금붕어가 땅바닥에 나뒹굴었습니다. 그러자 스승이 말했습니다.

"어항이 깨져 나가고 물이 쏟아질 수 있는 것처럼 네 시간과 공간이 깨져 나가고 현실이 영원한 것이 아님을 알 때 진리가 동트기 시작할 걸세."

우리 눈에 들어오고 우리 주머니와 통장 속에 들어와 있는 것들, 그리고 우리가 살고 있는 이 하늘과 땅이 사라져 버리는 순간이 있을 수 있음을 깨달을 때 진리는 우리 곁에 있게 될 것입니다.

신앙적인 진리, 성경에서 말하는 진리라고 하는 것은 철학책에 나오는 추상적이고 관념적이고 이론적인 지식이 아닙니다. 신앙적 진리란 곧 삶의 진실을 말하는 것뿐입니다.

그 삶의 진실이란 인간은 누구나 죄와 죽음에 갇힌 유한한 피조물이라는 사실을 품고 있습니다. 죽을 수밖에 없는 피조물이 하나님을 향하여 얼굴을 돌리고 그 분께로 나아갈 때, 바로 이것이 진리가 되는 것이며 바로 이것이 우리를 생명으로 인도해 주는 것입니다.

삶을 배우기 위해서는 죽음을 직시해야 하며, 지혜를 배우기 위해서는 죽음을 묵상해야 하며, 영원한 생명을 얻기 위해서는 하나님의 품에 이르러야만 합니다.

사랑의 힘

스탈린 통치 시절, 보리스 컨벨트라는 젊은 의사는 시베리아 강제 수용소로 유배를 갔습니다. 그 곳에서 그는 그리스도인이 되었습니다. 그리스도인이 된 그는 자유와 평안을 얻고 깊은 은혜를 체험하게 되자 두 가지를 결심하게 되었습니다.

하나는 이웃을 사랑하겠다는 것과 또 하나는 복음을 전하겠다는 것이었습니다. 그러던 중 암으로 고통 받는 젊은이를 보고 그리스도의 사랑을 갖고 수술을 했습니다. 그러나 그것은 불법이었습니다. 그래서 결국 사형 당하게 되고 말았습니다.

사형 당하기 전날, 그는 자신이 수술해 준 젊은이에게 그리스도의 사랑과 진리에 대해 열렬히 말했습니다. 이튿날 복음을 듣던 젊은이는 사형집행을 앞둔 그에게 물었습니다.

"선생님께서는 나를 수술해 주신 것에 대해 후회하지는 않습니까?"

의사는 확신과 평안한 가운데 이렇게 대답했습니다.

"그리스도 안에서는 결코 후회함이 없습니다."

질문을 던졌던 젊은이는 큰 감동을 받아 믿음의 사람이 되었습니다. 그 젊은이가 바로 후에 노벨문학상을 받게 된 알렉산더 솔제니친입니다.

삶을 의미 있게 하며 인생의 환난을 이기고 흔들림 없이 살아가게 하는 그 힘, 그 원동력을 무엇일까요? 첫째는 사랑이고, 둘째도 사랑입니다. 사랑 때문에 자신을 바칠 수 있다면 그는 영원한 삶에 참여하게 될 것입니다.

사랑의 땔감

겨울이 가까워지는데도 장작을 준비하지 않는 사람은 어리석은 사람입니다. 겨울이 올 줄 안다면 장작을 준비해야 합니다.

하지만 장작을 준비했어도 장작을 태우지 않는다면 장작을 준비하지 않은 사람과 같은 처지에 놓이게 되고, 어리석기도 매한가지일 것입니다.

우리의 가슴속에는 추운 세상을 따뜻하게 살아가도록 이미 하나님께서 사랑의 땔감을 준비해 주셨습니다. 우리의 가슴속 창고를 열고 사랑의 불을 지피십시오. 이 세상 모든 사람을 연인으로 삼으십시오.

가난하든 부유하든 못났든 잘났든 죄인이든 위인이든 모든 이들을 진심으로 사랑하십시오. 그러한 순간에 이른다면 우리의 삶은 불타오르며 빛을 발하고, 세상은 따뜻한 기운에 감싸일 것입니다.

은밀한 가운데
선善과 의義를

한 송이 들꽃이 아무도 보지 않는 곳에서도 하늘을 향하여 아름답게 피어나 우주를 아름답게 만들 듯, 사람들이 보지 않는 곳에서 오직 자신을 지어주신 창조주를 향하여 선善과 의義의 꽃을 피우는 영혼이 세상을 아름답게 만듭니다.

그래서 하나님 앞에 참된 이는 사람 앞에 드러낼 일을 감추고 감출 일은 드러냅니다. 또한 하나님께 진실한 영혼은 뿌리가 숨어서 제 할 일을 다 하고도 말이 없음과도 같이 하나님의 뜻을 따라 할 바를 다하고, 큰 기쁨을 홀로 누립니다.

은밀히 선행을 하고 은밀히 신앙적인 행동을 한다는 것은 그 행위의 순수성, 하나님께 대한 진실함을 보여주는 일입니다.

하나님은 드러난 업적에 앞서 동기를 중시하고, 순수한 마음을 보시기에 우리는 은밀히 선善과 의義를 행해야 합니다.

서두르는 것은 낭비일 뿐

마하트마 간디는 이런 말을 한 일이 있습니다.

"초조해하고 서두르는 일은 낭비일 뿐입니다. 세상이 불타고 있다 하더라도 초조감으로는 불을 끌 수 없습니다."

실제로 우리는 불에 대하여 손을 쓸 수가 없습니다. 도저히 끌 수 없는 불에 물을 낭비하는 소방수는 없습니다. 대신 사람을 구하는 데 힘을 집중합니다.

영적인 생활은 우리의 삶에 대해서 노련한 프로와 같은 삶을 추구하는 것입니다. 그러기에 영성 생활을 추구하는 사람들은 굳은 믿음, 순수하고 따뜻한 가슴을 가질 뿐만 아니라 냉정하게 지혜를 구하고 시간과 정열과 정성을 낭비하지 않도록 해야 합니다. 오직 자기의 생명과 자기의 내적인 평안과 이웃에 대한 사랑, 그리고 주께 대한 믿음이 헤치지 않도록 하는 데 모든 마음을 집중하고 그런 가운데

서 행동해야 합니다.

그러한 이에게는 서투른 행위가 나오지 아니할 것이고 부실한 삶이 만들어지지 않을 것입니다. 더욱이 시간이 부족한 일도 일어나지 않을 것입니다.

우리는 영적인 생활을 통해서 인생의 프로와 같은 삶을 추구해야합니다.

삶은
선택과 결단의 고리

삶은 선택과 결단의 고리와 고리로 엮여 있습니다. 이 고리가 자신을 묶는 사슬이 되기도 하고 자신의 삶을 보장해 주는 생명줄이 되기도 합니다. 고통과 단절의 철책선이 되기도 하고 성공과 보람, 사랑과 지지의 연결고리가 되기도 합니다. 삶을 돌이켜 결단의 고리들을 한 번 짚어 보십시오.

첫째, 때에 맞게 결단했는가 살펴보십시오.

밀물에 조개를 캐러 나간다면 어리석은 일이고 썰물에 돛을 올리지 않는다면 배가 뭍에 얹히게 됩니다. 봄이 다가오는데 씨 뿌릴 준비를 하지 않는다면 가을에 거둘 것이 없게 되고, 서리가 내리는데 겨울을 준비하지 않는다면 낭패를 당할 것입니다.

둘째, 합리적이었는가 살펴보십시오.

합리성이 없는 것은 보편적인 지지와 이해를 얻을 수 없습니다. 합리적이어야 고집스러움과 편파성을 벗을 수 있으며 많은 이의 지지와 협조를 얻게 됩니다. 합리성은 역사와 국경을 뛰어넘어 말 없는 다수의 지지를 얻게 됩니다.

셋째, 자연스러웠는가 살펴보십시오.

무엇이든 경지에 이르면 자연스러움에 이릅니다. 최고의 연기자와 최고의 플레이어는 가장 아름다운 웃음이 자연스럽듯 매사에 자연스럽습니다. 삶의 선택과 결단도 자연스런 리듬으로 흐를 때 가장 멋진 삶을 연출하게 됩니다.

아울러 신앙도 깊이가 더해갈수록 자연스러움이 더해가고, 이윽고 그의 모든 일상생활에 그리스도의 향기가 스며들게 됩니다.

삶 속으로
뛰어드십시오

삶은 종착지를 향하여 강물처럼 쉼 없이 흘러갑니다. 이를 누가 막을 수 있겠습니까? 아니 오히려 멈춰서는 안 될 것입니다.

강물처럼 쉼 없이 흐르지 않는다면 영화관에서 활동사진기가 멈춰버리고 말듯 삶은 상영되지 않을 것입니다. 그리고 곧 모두 퇴장하게 될 것입니다. 그뿐 아니라 영화관에서는 재상영이 있을 수 있겠지만 삶의 극장에서는 재상영이란 없습니다.

우리에게 남은 선택은 하나뿐입니다. 삶에 뛰어들라, 삶의 물결에 나의 배를 띄우라, 하는 것입니다. 그 물결이 평안히 흐르는 물결이라면 다행스러울 것이고, 거친 물결이라면 모험을 즐길 마음으로 뛰어들어야 합니다.

혹시 실패에 이른다 할지라도 뛰어들어야 합니다. 인생에서 그 어떤 실패도 삶을 낭비하는 것보다 더 큰 손실이 있을 수는 없는 것이니 말입니다.

성공과 실패는 삶의 각기 다른 측면일 뿐, 그 모두

무엇과도 바꿀 수 없는 값진 삶의 한 부분입니다.
빛과 그림자는 공존할 수 없는 것이면서도 빛이
일어나면 그림자가 드리워집니다.
성공과 실패도 이와 같지 않습니까?
빛은 추운 겨울에 따뜻함을 주고 그림자는 더운 여름에 시원함을
줍니다. 성공과 실패, 모두 우리의 삶에 유용한 것이라 생각하며
감사함이 참 신앙이라 할 것입니다.

진리가
육신이 되신 분

고향이 그리운 까닭은 무엇이겠습니까? 몸이 태어난 곳이고 마음
이 싹터 자라난 곳이기 때문입니다. 사람은 본래의 자리에 돌아와
야 평안을 얻습니다. 그러기에 누구든 하나님의 품안에 이르러야
평안을 얻게 됩니다.

도시에 살면서도 푸른 나무와 높은 산과 깊은 계곡, 맑은 샘, 이가
시린 그 물을 떠 마시고 싶은 생각, 산 내음에 취하고 흙에 몸을 묻
고 싶은 그러한 생각은 왜 일어나는 것이겠습니까.

자연은 우리 몸의 고향이며 태초에 더 가깝기 때문일 것입니다. 이
역시 본래의 자리에 회귀하려는 내적인 자연스러움이라고 할 것
입니다.

자연스러움은 순리요, 창조주께서 우주에 새겨 놓은 보이지 않는
문법인 것입니다. 그래서 자연과 가까이 사귀고 깊은 교감을 나누
는 영혼이 쉽게 하나님의 품을 느끼게 됩니다.

말씀의 물길을 따라 사는 사람은 왜 지치지 않고

생기가 넘치는 것일까요. 본래적 진리의 흐름을
타기 때문입니다. 말씀은 창조의 본래적인 힘이
며 원리이기 때문입니다.

예수를 만난 사람은 왜 새 술에 취하여 생명의 길로 나아갈까요?
그 분은 진리가 육신이 되신 분이기 때문입니다. 그래서 그 길을
따르면 창조하시는 하나님의 소리를 들으며 구름처럼 흐르는 자
유의 숨을 얻고 생명의 길로 접어들어 고요한 평안의 여울을 만나
게 됩니다. 그리고 시간으로 소멸되지 않는 하나님 나라에서 살게
해 주십니다.

간밤에 널 찾아가지 않았느냐

'주여 나를 평화의 도구로 써 주소서'로 시작되는 〈평화의 기도〉를 쓴 성 프란체스코의 간절한 기도는 살아 계신 주님을 만나는 것이었습니다. 그래서 그는 늘 "주님, 언제 저를 찾아 오셔서 만나 주시겠습니까?" 하며 기도했다고 합니다.

그런데 어느 추운 겨울날 누군가 밖에서 문을 두드렸습니다. 문을 열어 보니 추위에 떨고 있는 거지가 서 있었습니다. 방안에 들어와 불빛을 비춰 보니 나병 걸린 사람이었습니다. 손가락이 떨어져 나가고 얼굴은 시커멓게 썩어가고 있었습니다. 너무나 무섭고 불결해 보였습니다.

그러나 성 프란체스코는 그를 가까이 데려와 불을 쬐게 해줬습니다. 잠시 후 성 프란체스코가 하나밖에 없는 침대에 누우려고 하자 그가 곁에 다가와 함께 잠을 자자고 청하는 것이었습니다. 성 프란체스코는 차마 거절할 수 없어서 억지로 잠을 같이 잤습니다. 어느덧 동이 터 일어나 보니 나병환자는 어디론가 가 버리고 없었습니다.

성 프란체스코는 그날 아침도 "주님 언제 제게 찾아와서 저를 만나 주시겠습니까."하고 기도했습니다. 그때 이런 음성이 들려왔습니다.

"내가 간밤에 널 찾아가지 않았느냐?"

성 프란체스코는 소스라치게 놀랐습니다.

'아, 주님께서 나병환자의 모습으로 찾아오셨구나. 내 그러신 줄 알았으면 더 잘 대접했어야 하는데….'

이렇게 보잘 것 없는 모습으로 우리 주님은 우리를 찾아오실 것입니다. 다만 우리가 그 때가 언제인지 알지 못할 뿐입니다.

새 술에 취하여

새 술은 새 부대에 담으라는 말이 있습니다. 그렇다면 이를 위하여 무슨 준비를 해야 하겠습니까? 창조주께서 이미 새 술을 준비하셨으니 우리는 다만 새 가죽부대만 준비하면 됩니다. 속을 채우지 않은 커다란 새것이어야 합니다. 크게 비워져 있으면 있을수록 더욱 좋을 것입니다. 그래야 하늘의 신선한 새 술이 내 존재의 항아리에 충만하게 채워질 것입니다.

그 새 술로 순수한 사랑에 취하고, 새 술로 평안함에 취하고, 그 새 술로 살아 있음에 취하십시오. 그 새 술로 진리의 기쁨에 취하고, 그 새 술로 기도의 기쁨에 취하고, 그 새 술로 감사함에 취하십시오.

그리고 지극히 적은 자들과 함께 나누는 잔치에 취하고, 어린 아이와 같은 천진함에 취하여 보십시오. 새 술에 취하는 이는 천국이 남의 것이 아니라 나의 것이 될 것입니다.

남을 탓하는 것은
자신의 허약함 때문

새로운 영성의 길을 떠나기 위해서는 세상에 유용한 무기를 버리고 주의 가르침과 은혜에 의존함이 좋습니다. 그리고 길을 가기 전에는 주앞에 무릎을 꿇는 것이 좋습니다.

삶과 죽음의 거리가 줄어서 하나 되게 함이 좋습니다. 삶과 죽음이 한 짝으로 붙을 때 우리는 홀연히 깨어나기 때문입니다.

변명은 싹이라도 자르고 행동으로 변함을 보이는 것이 좋습니다. 남을 평하거나 탓하지 말고 나를 살피고 내 탓임을 헤아리는 것이 좋습니다. 남을 평하는 것은 자신을 못 보기 때문이요, 탓하는 것은 자신의 허약함 때문입니다.

선을 줄곧 행하되 칭찬을 듣지 않으려 함이 좋습니다. 대가를 기대하는 선행은 영적인 타락의 길이기도 합니다. 악에게 지지 말고 선으로써 악을 이김이 좋습니다. 선은 나약한 후퇴를 뜻하지 않기 때문입니다. 그리고 하루씩 완결하는 삶이 좋습니다. 마지막으로는 모든 것을 사랑으로 완결함이 우리의 모든 행동을 완성시키게 됩니다.

영적인 길로
나가고자 하면

영적인 높은 길을 가고자 하면 몸가짐을 잘 가져야 합니다.

이를 위해 가장 먼저 입보다 귀를 많이 쓰십시오. 입을 많이 쓰면 화를 부르고, 귀를 많이 쓰면 신뢰가 찾아듭니다.

입을 닫고 눈을 닫을 수 있다면 많은 영감을 받게 될 것입니다. 더 나아가 입을 열어도 마음이 조용한 상태에 이른다면 그는 많은 사랑과 진리를 베푸는 영적 지혜를 나누어주는 사람이 될 것입니다.

둘째, 머리보다 마음을 더 많이 쓰십시오.

머리를 많이 쓰면 이해타산에 밝아져서 약삭빠른 사람에 머물고 말 것입니다. 하지만 머리는 밝되 마음을 더 쓸 수 있는 사람이 되면 자비로운 사람이 될 것입니다. 그가 바로 이웃을 내 몸처럼 사랑하는 그리스도의 형제가 될 것입니다.

셋째, 배보다 손과 발을 많이 쓰십시오.

배를 채우는 것을 낙으로 삼는 이는 게으르고 욕심 많은 사람이 되며 건강을 해치게 될 것입니다. 그러나 손과 발을 많이 쓰는 사람

은 건강할 뿐만 아니라 자기 땅에서 먹을 것을 얻는 자족하는 사람
이 될 것입니다.

마지막으로 귀와 마음과 손과 발을 모두 다 쓰는
사람은 소명을 다 이루고 하나님의 뜻을 이루어
나가는 사람이 될 것입니다.

제 삶의
주인이 되는 길

살면서 일을 잘 이루려 하려면 어떻게 하는 것이 좋겠습니까?

우선 기도가 일보다 앞서야 합니다.

기도는 삶을 진실하게 만들며 행동에 집중력과 추진력을 가져다 줍니다. 계획은 사람이 할지라도 이루시는 분은 하나님이시기에 기도로 시작하고 기도로 마무리해야 합니다.

둘째는 준비가 삶보다 앞서게 해야 합니다.

준비되지 않은 삶은 언제나 제 삶의 주인이 되지 못합니다. 시간에 쫓기는 사람도 자신의 삶에 주인이 되지 못합니다. 준비되지 않은 식탁에는 기쁨과 풍요로움이 없듯, 준비되지 않은 삶은 늘 빈곤한 법입니다. 그러므로 하루하루 미리 준비된 삶을 살아야 합니다.

셋째는 한 번에 하나씩 시종일관해야 합니다.

높은 성곽도 한 번에 한 장씩 시종일관 벽돌을 쌓아올려 이루어진 것입니다. 산이 아름다운 것도 한 그루의 나무가 가지에서 하나씩 푸른 싹을 내어서 산을 푸르게 했기 때문입니다. 그러므로 한 번에 하나씩 시종일관하여야 뜻을 이루고 삶을 성취하게 됩니다.

넷째는 말보다 행함이 앞서야 합니다.

행함이 없는 말은 부도난 수표와 같습니다. 행함이 말보다 앞설 때 삶은 부도 없는 견실한 삶, 힘 있는 삶을 만들어 나갈 수 있습니다.

다섯째, 이익보다 약속이 앞서야 합니다.

약속을 지키치 않고 얻는 이익은 잠시뿐입니다. 그러나 손해를 보더라도 약속을 지키면 이익보다 더 큰 신뢰를 얻고 함께 도우며 인생의 친구들을 얻게 됩니다. 그러니 이익보다 약속을 앞세워야 합니다.

한 번에 한 가지씩

험한 산길에 긴 돌계단을 놓은 한 늙은 수도자가 있었습니다. 그가 만든 돌계단을 오르는 사람은 누구나 감탄하며 이구동성으로 물었다고 합니다.

"어떻게 이런 돌계단을 쌓을 수 있었다는 말입니까?"

그때마다 수도사는 이런 이야기를 들려 주었습니다.

"나는 젊어서 스승으로부터 돌계단을 쌓으라는 말을 듣고 그날부터 근심하며 걱정을 했습니다. 그 돌계단은 일평생 걸려도 할까 말까한 험난하고 높은 길이었기 때문입니다. 그런데 어느 날 근심을 하다 잠이 들었습니다. 그때 꿈결에 알 수 없는 곳으로부터 목소리가 들려왔습니다.

"여보시오. 한 번에 한 개씩만 쌓아올리면 되지 않소. 한 번에 한 개씩만."

그 이야기를 들은 순간, 마음이 밝아지고 용기가 솟아났습니다.

'그렇지. 한 번에 한 개씩만 하면 되지. 한 개씩 쌓아올리면 된다.'

깨달음이 왔던 것입니다. 그 날 이후 수도자는 기쁜 마음으로 한 번에 한 개씩 쌓아올리다 보니 마침내 큰일을 해내게 되었다는 것입니다.

우리가 일을 계획할 때는 전체를 보고 계획을 해야 하지만, 그 일을 이루고자 할 때는 눈앞부터 한 번에 한 가지씩만 해야 하겠지요. 우리의 눈앞에 있는 그 현재에 충실한 것이 곧 삶에 충실한 것입니다.

당신의 은혜가
제겐 족했습니다

스승이 후계자를 정하려고 제자들에게 최고의 지혜, 참 진리를 한 마디로 요약해 보라고 했습니다. 그중 한 사람이 대답했습니다.

"저는 벼랑에서 떨어진다면 떨어지는 도중에 가운데 손가락을 튕기면서 아직까지는 꽤 좋군, 하렵니다."

결국 그 사람이 후계자로 뽑혔다고 합니다. 이는 어떤 형편에 당했더라도 하루하루를 만족으로 매듭지으며 살아가는 사람이 진리를 가졌다는 간결한 가르침을 주는 값진 이야기입니다.

이러한 지경에 이르려면 그저 마음만 먹었다고 될 일은 아닐 것입니다. 일만 가지의 고통과 기쁨을 경험하는 과정에서 영혼을 순화시키고 심화시키는 연후에야 가능한 일일 것입니다.

'나는 비천에 처할 줄도 알고 풍부에 처할 줄도 알아 모든 일 곧 배부름과 배고픔과 풍부와 궁핍에도 처할 줄 아는 일체의 비결을 배웠노라' 빌 4:12

오늘 하루 삶이 거칠고 힘들어도 마지막 기도는 감사하는 영혼이 되어야 할 것입니다.

"주님, 오늘도 참 좋았습니다. 오늘도 당신의 은혜가 제게는 족했습니다."

4장

나눔

너는 구제할 때에 오른손이 하는 것을
왼손이 모르게 하여 네 구제함을 은밀하게 하라
은밀한 중에 보시는 너의 아버지께서 갚으시리라

마 6:3~4

존재의 향기

젊은 신학도가 고민 끝에 높은 신학과 영성을 이룬 선생님을 찾아 갔습니다. 선생님은 등잔불을 켜놓고 성경을 읽고 계셨습니다. 젊은이는 선생님께 물었습니다.

"진정한 그리스도인의 영성을 이룬다는 것은 무엇입니까?"

그러자 선생님은 등잔불을 훅, 하고 꺼버렸습니다.

사방은 캄캄하게 되어 아무 것도 보이지 않았습니다.

이 때 선생님이 물었습니다.

"여보게. 이 방 안에 무엇이 있는가."

"보이지 않는데 어떻게 알 수 있겠습니까"

"가만히 있어 보게. 보이지 않아도 알 수 있을 것일세."

그런데 얼마 후 방 한쪽 구석에서 백합 향기가 나는 것이었습니다.

"예. 방에 백합이 있었군요."

"맞네. 진정 그리스도인의 영성을 이룬다는 것은 겉으로는 보이지 않아도 자기 존재의 아름다운 향기를 풍기는 것을 말하는 것일세."

이것이야말로 예수님을 믿는 신앙인이 추구해야 할 목표입니다. 빛은 저절로 일어나 환히 길을 비추어 주고, 향기는 자연스레 울타리 너머까지 퍼져 사람들을 기쁘게 하지 않습니까? 그리스도인의 향기가 풍기도록 존재가 바뀌는 것이 그리스도인이 추구해야 할 영성입니다.

깊은 숨쉬기의 비밀

코와 입으로 쉬는 숨은 생명과 가장 밀접한 관계를 맺고 있습니다. 숨은 잠시도 쉬지 않으면 목숨이 끊어지게 됩니다. 그리고 또한 숨은 육체의 형상이지만 가장 영적인 현상입니다.

우선 우리는 성이 나면 숨부터 씩씩거리고, 사랑하면 숨을 죽이고, 짓눌리면 숨도 못 쉬게 됩니다. 감격스러우면 탄성을 울리고, 슬프면 탄식하게 됩니다.

평안하고 깊이 잠든 아기는 쌔근쌔근 숨을 쉬고, 깊고 높은 영적 기도에 이르면 숨소리가 깊고 높이 오르게 됩니다. 이처럼 숨결은 곧 우리 영혼의 결을 보여주게 됩니다. 그리고 숨은 영혼과 육신을 움직이게 하는 끈입니다.

성이 나서 씩씩거릴 때 깊은 숨을 들이쉬어 보십시오. 성냄이 사라지게 됩니다. 짓눌려 숨도 제대로 못 쉴 때에 크게 숨을 내어 뱉어 보십시오. 가슴이 트이고 여유가 찾아듭니다.

흥분하여 들뜰 때 고르게 숨을 쉬어보면 마음이 순식간에 고요해집니다. 또한 슬프고 우울할 때 가벼이 숨쉬기를 반복하면 어두움과 축축함이 사라지고 눈이 밝아지고 하늘이 맑아집니다.

그리고 깊고 높은 영적 기도에 이르지 못할 때 무릎을 꿇고 깊은 숨을 쉬고 있노라면 기도의 문이 열리고 주님의 숨결이 가까이 느껴지는 체험을 하게 됩니다. 그렇게 숨을 고르게 되면 마음밭이 고르게 되고, 숨이 안정을 얻으면 몸이 쉼을 얻고, 숨이 깊어지면 마음밭이 옥토가 됩니다. 숨이 트이면 영혼의 창이 열려 뜻밖에 하나님의 은총과 성령이 찾아들 수 있게 됩니다.

빈 배에
가득한 천국

한 나룻배가 다른 배에 부딪쳐 멈춰 서고 말았습니다.

사공은 성이 나서 욕설을 퍼부으려고 부딪친 배를 들여다보았습니다.

그러나 이내 사공은 피식 웃고 말았습니다.

그 배는 빈 배였기 때문입니다.

빈 배로 떠나는 배는 그 삶에 천국이 웃음처럼 번질 것입니다.

가난한 마음이 천국을 누립니다.

노벨의 거듭남

어느 날 아침, 노벨상을 제정한 노벨은 아연실색하지 않을 수 없었습니다. 아침 신문에서 자신이 죽었다는 기사를 보았기 때문입니다. 이 일은 프랑스의 한 기자가 이름이 같은 다른 노벨이 죽은 것을 잘못 기사화해서 일어난 것입니다.

기사에는 '죽음의 사업가, 파괴의 발명가, 다이너마이트의 왕이 죽다' 라고 쓰여 있었습니다. 노벨은 큰 충격을 받았습니다. 그래서 그는 일생 동안 번 재산을 내놓게 되었습니다. 그리하여 노벨상이 만들어진 것입니다.

결국 죽지 않고 살아서 자신이 죽은 다음을 목격한, 아연실색하며 충격 받은 일이 오히려 다행스러운 경우가 되었습니다.

누구나 삶은 끝이 있고, 이름을 내고 사는 사람은 역사가 그를 평가할 것입니다. 그 평가는 내일의 일이 아니라, 지금 우리가 쓰고 있는 중입니다. 그리고 이름이 있건 없건 누구나 삶의 마지막에는 창조주 앞에 서게 될 날이 있게 되지 않겠습니까.

도와 드릴까요

어느 자동차 정비사가 여행 중에 자신의 차가 고장 나서 애를 먹고 있었습니다. 자동차라면 무엇이든지 잘 알고 있다고 자부하고 있었는데 고칠 수가 없었습니다.

이때 차를 타고 지나던 노신사가 차를 세우고 와서는 "도와 드릴까요?" 하고 물었습니다. 이에 정비사는 무뚝뚝하게 대꾸했습니다.

"제가 차 정비사입니다."

하지만 정비사는 고장 난 차를 고치려고 해도 고칠 수가 없었습니다. 그 곁을 떠나지 않고 지켜보던 노신사가 또 도움을 자청했습니다.

"도와 드릴까요?"

정비사는 마지못해 고개를 끄덕였습니다.

그런데 노신사가 고장 난 차를 잠시 손을 보자 곧 시동이 걸렸습니다. 그 노신사는 바로 그 자동차를 만든 헨리 포드였습니다.

하늘과 땅과 생명을 내시고 우리의 삶과 역사를

지어가시는 창조주께서는 모든 것을 아십니다. 그뿐 아니라 우리를 사랑하시어 우리 곁에서 우리에게 묻고 계십니다.

"도와 드릴까요?"

'여호와를 구하는 자마다 마음이 즐거울지로다 여호와와 그의 능력을 구할지어다 항상 그의 얼굴을 찾을지어다' 대상 16:10~11

두려움은
내 마음속에서부터

개에게 쫓기던 닭이 두려워서 개가 되게 해달라고 했습니다. 닭은 개가 되었습니다. 그래서 오두막집을 지키게 됐습니다. 그런데 밤마다 산에서 내려와 울어대는 늑대가 있었습니다.

닭은 결국 늑대가 두려워 자신도 늑대가 되게 해달라고 했습니다. 하나님께서는 이를 불쌍히 여겨 그를 늑대가 되게 해주셨습니다. 늑대가 되어 숲 속에 되어 살다 보니 이따금씩 호랑이가 숲에 나타나는 것이 아니겠습니까. 늑대가 된 닭은 더 큰 두려움에 떨어야 했습니다. 그러자 이번에는 호랑이가 되게 해달라고 했습니다.

그런데 웬일입니까. 호랑이가 되고 보니 호랑이 가죽을 탐내는 사냥꾼이 깊은 산속까지 찾아오는 것이었습니다. 결국 오갈 데 없는 신세가 되자 그는 자신에게 생명을 준 창조주 하나님을 원망하며 한탄에 빠지고 말았습니다.

우리는 두려움을 해결하려고 많은 곳을 찾아다닙니다. 그러나 어디를 찾아다녀도 두려움을 해결할 길은 없습니다. 두려움은 자기 속마음을 바꾸어야만 사라지는 것이기 때문입니다. 그러하기에 인생의 두려움을 해결하는 길은 오직 주의 사랑의 돌보심을 믿는 믿음에 이르는 길밖에 없습니다.

'보라 하나님은 나의 구원이시라 내가 신뢰하고 두려움이 없으리니 주 여호와는 나의 힘이시며 나의 노래시며 나의 구원이심이라' 사12:2

존재가 거듭나야

무슨 이유 때문인지 한 철학자가 도둑놈과 함께 교도소에 갇히게 되었습니다. 어느 날, 달 없는 그믐밤을 틈타 그들은 탈옥을 시도했습니다. 이들은 지붕 위를 살금살금 기어갔습니다. 그런데 그만 도둑놈이 발을 잘못 디뎌 기왓장이 떨어지고 말았습니다.

이 소리를 들은 교도관이 "거 누구야!" 했습니다.

그러자 도둑놈은 "야옹!" 하였습니다.

얼마 후 이번에는 철학자가 발을 잘못 디뎌 기왓장을 떨어뜨리고 말았습니다.

교도관이 또 다시 "거 누구야!" 했습니다.

철학자가 대답했습니다.

"고양이예요."

'고양이예요' 하는 것과 '야옹' 하는 소리는 같은 것 같지만 전혀 다른 것입니다. '고양이예요' 하는 것은 고양이 소리가 아닌지라 잡힐 수밖에 없습니다.

믿음의 세계라고 하는 것은 고양이예요, 하는 지식이나 머리나 입술로 하는 영역이 아닙니다. 존재가 거듭나서 야옹하는 소리가 그 속에서 나와야 합니다.

바로 나의 존재가 바뀌어서 야옹하는 소리가 나와야 신앙의 세계에 들어갔다고 말할 수 있습니다. 깨달음과 사랑으로 인해 자신의 삶을 거룩한 산제사로 바치는 것이 신앙의 영역입니다.

'진실로 진실로 네게 이르노니 사람이 거듭나지 아니하면 하나님의 나라를 볼 수 없느니라' 요 3:3

참 스승의 향기

한 교수가 제자와 약속을 하였습니다. 그런데 약속시간이 되어도 학생이 나타나지 않았습니다. 결국 학생은 40분이나 지나서야 나타났습니다. 선생님의 입에서 불호령이 떨어졌습니다.

"당신은 내 생의 40분을 가져가 버렸어요. 이리 서세요!"

그리고는 이내 종아리를 때렸습니다. 선생님은 학생을 보내 놓고서는 부모의 항의가 걱정되었습니다. 이튿날 이윽고 학생의 아버지가 전화를 하였습니다.

"선생님, 감사합니다. 아직도 이렇게 잘 가르쳐 주시는 선생님이 계시다니!"

이 이야기의 주인공은 《참 스승의 향기》로 알려진 이대 기독학과 장원 교수님입니다. 어떻게 다 큰 여대생의 종아리를 때릴 수 있을까. 진정한 사랑에는 열정의 불이 식지 않기 때문일 것입니다. 아울러 진정한 사랑은 좀 더 좋은 사람이 되게 하고픈 열망이 숨겨 있기 때문입니다.

채찍을 드셨던 예수 그리스도의 열정, 그 모습이 떠오릅니다.
여대생에게 회초리를 들었던 장원 교수님은 오직 예수를 스승으로 모시고 살다간 이 땅의 참 스승이었던 분이었습니다.

사 랑 의 편 지

나는 진심, 그것으로 당신을 대하고 있습니다.

그것은 인간이라면 마땅히 그러해야 할 것일 수 있겠지만 흔히 말하는 사랑이라는 것보다는 더 깊은 것인지 모릅니다.

그래서 나는 당신이 잘 되길 바랍니다. 이 말은 세속적인 성공, 이상의 것을 기원하는 것입니다. 나는 당신을 보면서 길을 가고 있지 않다는 생각을 피할 수 없습니다. 당신과 더불어 즐기고 싶어하는 사람이 너무나 많습니다.

거긴 길이 아닙니다. 그 길로 가지 마십시오.

이는 당신을 붙잡거나 소유하려는 마음에서 나온 말이 아닙니다. 그 길에 당신 혼자만 남을지 모르기 때문입니다. 그것이 방황의 중간 기착지이고, 그 끝은 삶의 낭비로 결말지어질 것입니다. 이보다 더 불행한 일은 없습니다. 삶이란 것이, 우리에겐 다시 없는 모든 것이기 때문에 그렇습니다.

그리고 이미 당신 삶은 반 이상이나 지나오지 않았습니까. 순식간이 아니었던가요? 분명한 것은 남은 시간이 지나온 시간보다 적다는 것이지요. 그러기에 하루하루 최선을 다해야 합니다.

이젠 지난날과 달리 무엇을 하느냐보다 찾아온 하루를 욕심 없이 오직 사랑하고, 땀 흘리고, 기쁘게 웃고, 그리고 진심을 나눌 길동무와 더불어 가는 것. 이것이 최선일 것입니다. 그리고 예수와 함께 길을 가세요. 이런 길이라면 나는 당신이 소식도 끊은 채 어디로 가더라도 기쁜 마음을 잃지 않을 것입니다.

술주정꾼의 취함보다
더한 것

한 랍비에게 어머니가 자식을 데리고 와 간절히 부탁했습니다.

"제 자식이 못된 짓만 하니 선생님이 제자로 삼아 가르쳐 주실 수 있으시겠습니까."

랍비는 허락하지 않았습니다. 그러자 랍비의 아내가 물었습니다.

"젊은이의 어머니가 그렇게 간청하는데 어머니를 생각해서라도 제자로 삼아야 하지 않습니까?"

랍비가 대답했습니다.

"진리란 물과 같아서 남이 대신 마셔줄 수가 없지요. 목마를 때까지 기다려야 하니 어찌 인정만으로 되겠습니까."

이번에는 한 젊은이가 직접 랍비를 찾아왔습니다. 그는 자신이 지금까지 한 자선과 선행으로 한 많은 일을 열거하면서 자신을 제자로 삼아줄 것을 부탁하였습니다. 랍비는 이번에도 돌려보냈습니다. 그러자 아내가 물었습니다.

"젊은이가 나이답지 않게 선행과 자선을 많이 하지 않았습니까.
기특하지 않습니까. 그런데 왜 제자로 받아주시지 않습니까?"
랍비가 대답했습니다.
"선행을 하고 자선을 베푸는 일은 그것을 행치 않는 것보다 낫고
더욱이 악을 저지르는 것보다야 천 배 나은 것이지요. 하지만 선행
과 자선은 그 행함에서 그쳐야 하는 것이지요. 거기서 그치지 않고
자신이 베푼 선행과 자선을 내세우는 습성은 술주정꾼의 술 취함
보다 더해서 그것을 끊기가 어려운 법입니다. 술주정꾼을 어찌 제
자로 받아 가르칠 수 있겠습니까."

주님께서 말씀하셨습니다.
'너는 구제할 때에 오른손이 하는 것을 왼손이 모
르게 하여 네 구제함을 은밀하게 하라 은밀한 중
에 보시는 너의 아버지께서 갚으시리라' 마 6:3~4

진 리 의 길

랍비에게 염소와 양을 치는 한 젊은이가 찾아와 아무 말도 없이 머리를 숙인 채 제자로 삼아 주길 원했습니다. 그러자 랍비가 물었습니다.

"오늘 아침, 양떼에게 싱싱한 풀을 먹였는가."

"예, 제가 늘 하던 대로 일찍부터 일어나 그리하였습니다."

"그러면 염소에게서 젖을 짜고 등을 쓰다듬어 주며 시냇가에서 놀도록 자유롭게 풀어 주었는가."

"예, 늘 저희 가족을 위해 젖을 주는 염소를 귀히 여기지 않을 수 있겠습니까. 늘 하던 대로 그리하였습니다."

"아, 그런가. 그렇다면 간밤에 기도하였고, 자네 아내를 품어주었으며, 아침에는 함께 차를 마셨는가."

"예, 늘 하던 대로 그리하였습니다."

랍비는 그 양치는 젊은이에게 저녁상을 잘 차려주고는 제 집으로 돌려보냈습니다. 그러자 랍비의 아내가 물었습니다.

"아니 이번에 찾아온 청년만큼은 제자로 삼을 만하지 않았습니까?"

그러자 랍비가 대답했습니다.

"그 청년은 이미 나와 같은 길을 가고 있습니다. 제 길을 계속 가면
될 일이죠."

일찍 일어나 자신에게 맡겨진 일을 정성으로 하
고, 자기에게 도움을 주는 것에 대하여는 미물일
지라도 귀히 여기고, 사랑하는 사람을 진실로 여
기며, 자신의 영혼을 하늘에 맡기고 산다면 이미 그
는 진리의 길로 가고 있는 것이 아니고 무엇이겠습니까.

그냥 기쁘게
땀을 흘려라

랍비에게는 한 명의 제자도 없었습니다. 그러자 랍비의 아내가 물었습니다.

"제자도 없이 어찌 랍비입니까? 다른 랍비의 문하에는 제자들이 문전성시를 이루고 있지 않습니까? 그러니 이제 제자를 구하셔야 하지 않겠습니까?"

그러자 랍비가 대답하였습니다.

"내가 나인 까닭은 제자들이 있어서 내가 아니고, 랍비라는 이름이 있기에 내가 아니라, 오직 내가 주님의 진리안에 있기에 나인 것이지요."

그러자 랍비의 아내는 그날부터 아직 먹을 것도 떨어지지 않았는데 앞으로 살 길을 염려하기 시작했습니다. 이튿날 아침 랍비가 들에 나가 밭을 일구며 땀을 흘리고 있었습니다. 이 모습을 본 랍비의 아내는 흐뭇해하며 말했습니다.

"아니 여보, 내 걱정하는 것을 어찌 알고 아침 일찍 일어나 밭을 갈고 계십니까. 내 고맙기 그지없습니다."

그러자 랍비가 밭에서 웃으며 대답했습니다.

"무엇을 먹을까 무엇을 마실까 걱정하여 이 일을 하는 것이 아니라, 땀 흘려 일하는 것이 삶이니 땀을 흘리는 것입니다."

이렇게 그냥 기쁘게 땀을 흘리는 사람에겐 무엇을 먹을까 무엇을 마실까 무엇을 입을까 하는 세상사 염려가 일어나지 않는 법이지요.

주께서 말씀하셨습니다.

'너희 목숨을 위하여 무엇을 먹을까 몸을 위하여 무엇을 입을까 염려하지 말라 목숨이 음식보다 중하고 몸이 의복보다 중하니라'

눅 12:22~23

베네딕트의 영적 지침
순명·정주·정진

2000년 그리스도교의 역사에 있어서 그리스도의 가르침을 따르며 그리스도를 닮아가기 위한 큰 가르침의 하나는 베네딕트 규칙서입니다. 이 규칙서의 영적 지침은 세 가지로 요약되는데 바로 순명, 정주, 정진입니다.

그것은 인간에게 있어 가장 어려운 숙제풀이일 수도 있겠지만 그런 만큼 커다란 영적인 지평을 열어줍니다.

순명은 하나님의 권위에 순종하기 위한 훈련입니다. 자신의 작은 뜻을 넘어서서 하나님의 뜻을 내가 받아들이고 그렇게 내가 살기 위한 훈련입니다. 이것은 수도원 규칙과 가르치는 사람의 지시에 절대 순종하는 훈련을 통해서 이루어집니다. 그리고 순명은 경청을 통해 시작되고 기꺼이 들은 바를 실행함으로써 성취됩니다.

정주는 한 수도원에서 죽을 때까지 머무는 것이고 수도 생활을 하는 사람들의 인간관계를 끝까지 유지하는 훈련입니다. 한 그루의 나무가 씨앗이 떨어진 자리에서 견디고, 자라고, 꽃을 피우고, 열매를 맺듯, 있는 자신의 모든 현실을 이겨나가는 극기의 훈련입니다.

정진은 주를 바라보며 주께서 가신 영성의 길을 구체적으로 따라가는 훈련입니다. 순명, 정주, 정진. 이것이 자기를 이길 수 있는 강한 그리스도인이 되게 하는 최상의 길이라고 가르치고 있습니다. 이 세 가지를 우리의 삶에 적용할 때 가장 높은 영성에 이르는 안내서가 될 것입니다.

고 통 을 잠 재 우 는 힘

소설 《침묵》을 쓴 일본 작가 엔도 슈사쿠가 잠시 병원에 입원한 일이 있었습니다. 그런데 옆방의 폐암 환자가 울부짖는 소리 때문에 잠을 이룰 수가 없었습니다. 이튿날 그는 간호사에게 물었습니다.
"환자가 그렇게 고통스러워할 때는 어떻게 합니까?"
"별다른 방법이 없습니다. 우린 그저 환자의 곁에 앉아 환자의 손을 꼭 잡아주고 있을 뿐이죠. 한동안 그렇게 하고 있으면 통증이 점점 가시기 때문에 간호사들이 종종 손을 잡아주지요."
이 말을 들은 엔도 슈사쿠는 코웃음을 쳤습니다.
'대체 무슨 소리를 하는 건가. 진통제를 맞고도 고통에서 벗어나지 못해 울부짖는 환자에게 그까짓 손을 잡아주는 것이 무슨 도움이 된단 말인가.'

1년 후 엔도 슈사쿠가 수술을 받게 되었습니다.
수술이 끝나고 마취에서 깨어나자 고통이 시작되었습니다. 엔도 슈사쿠는 빨리 마취주사를 놓아 달라고 외쳤습니다. 그러나 의사는 다시 마취주사를 놓으면 환자에게 도움이 되지 않는다고 마취주사를 놓아 주지 않았습니다. 엔도 슈사쿠는 한층 더 절망적인 소리를 질러댔습니다.

그런데 한 간호사가 그의 침대 곁에 앉아 그의 손을 꼭 잡아 주었습니다. 그러자 믿기지 않는 일이 일어났습니다. 그 지독한 통증이 조금씩 가시기 시작하는 것이었습니다.

꼭 잡아주는 손의 위력.

그것은 어디에서 나오는 것입니까? 그 잡아주는 손안에 사랑이, 위로가 함께하는 마음이 있기 때문입니다. 마음은 육체보다 강한 것입니다.

다른 이를 위한 기도

목사로서 저술가이며 인생 상담의 큰 안내자였던 노만 빈센트 필에게 한 부인이 찾아와 자신의 고민을 털어놓았습니다.

"저는 타고나길 사교성이 없이 타고났습니다. 그래서 늘 혼자 외롭게 지내고 있습니다. 어떻게 해결의 방법이 없는지요."

목사님은 영적인 안내를 해주었습니다.

"잠자리에 들기 전, 그날 만난 사람들의 리스트를 만들어 보십시오. 그리고 그날 만났던 사람의 모습을 머릿속에 그려보면서 그들을 위해 기도해 보십시오. 부인께서 그들의 행복을 비는 것입니다. 그렇게 하신다면 아무리 낯선 사람도 부인께 친밀감을 가지게 될 것입니다."

부인은 가르쳐준 대로 했습니다. 만난 사람들의 이름을 쓰고 그들을 위해 기도했습니다.

하루는 엘리베이터 안에서 만난 엘리베이터 보이를 위해서 기도했습니다. 그런데 이튿날 아침, 엘리베이터 안에서 소년을 만나자 부인은 자신도 모르게 먼저 인사를 했습니다.

부인의 다정한 인사는 엘리베이터 안의 어색한 분위기를 깨고 다정한 분위기를 만들어냈습니다. 이것은 엘리베이터 안이 아니라 그 부인의 마음속에 도사리고 있던 다른 사람에 대한 어색한 마음을 사라지게 하는 계기가 됐습니다.

자기 마음의 문은 자기가 잠근 것이기에 자기가 열어야 합니다. 이 문은 다른 이의 행복을 위해 기도할 때 가장 쉽게 열리게 되고, 온 세상이 열려 나에게로 찾아옵니다.

먹지도 않을 것을
왜 죽이십니까

한 백인 선교사가 식인종에게 전도를 했습니다. 식인종 추장도 예수를 믿고 새사람이 되어 온 부락이 다 바뀌게 되었습니다.

그 즈음 유럽 대륙에서 제2차 세계대전이 터졌습니다. 수 없이 많은 유태인이 학살당하고 각국의 젊은이들은 원한도 없이 서로 죽이면서 피를 흘리며 사라져 갔습니다. 이 소식을 들은 식인종 추장이 물었습니다.

"선교사님, 우리는 한때 먹기 위해 사람을 잡았는데 당신네 형제들은 먹지도 않을 것을 어찌 그렇게 죽입니까."

과연 참된 믿음, 참된 종교는 것은 무엇이겠습니까? 예수를 진정으로 잘 믿는다는 것은 무엇입니까? 생명을 살리는 것, 서로 화해하고 사랑하는 것, 더 나아가 다른 이를 살리기 위하여 자기를 희생한 그리스도의 십자가.

이 정신이 살아 있어야 진정한 것이라 말할 수 있지 않겠습니까.

예수의 정신으로 변화되지 않은 영혼과 문명, 그것은 기독교 문명이라도 예수와 상관없을 수 있습니다. 그 어떤 종교라도 이것에는 예외가 없습니다.

주께서 말씀하십니다.

'나더러 주여 주여 하는 자마다 천국에 들어갈 것이 아니요 다만 하늘에 계신 내 아버지의 뜻대로 행하는 자라야 들어가리라'

마 7:21

도둑을
손님으로 맞이한 랍비

어느 깊은 밤 복면을 한 사람이 랍비의 집 담장을 넘었습니다. 도둑이 든 것이었습니다. 도둑이 방에 들어선 순간 랍비는 눈도 뜨지 않은 채 조용히 입을 열었습니다.

"노크도 없이 들어온 것을 보니 손님은 아니신 것 같은데 필요한 것이 있다면 가져가시오."

가난한 선생의 집인지라 가져갈 것이라곤 벽에 걸린 외투 두 벌과 쌀독에 남은 쌀 두 자루뿐이었습니다. 그런데 도둑은 그것들을 다 가져가지 않고 외투 한 벌과 쌀 한 자루만 가지고 문을 나섰습니다. 이때 뒤에서 소리가 들렸습니다.

"여보시오, 남의 집에서 양식을 가져가면 고맙다는 인사는 남기고 가야 하지 않겠소."

순간 도둑은 문 앞에서 엎어지고 말았습니다. 그리고는 흐느껴 울었습니다. 이튿날 아침 랍비가 문을 열고 나가 보니 밤을 지새운 채 자리를 뜨지 않고 울고 있는 한 여인을 발견했습니다. 그녀는 말했습니다.

"훔친 것은 네 배로 갚겠습니다. 남편은 병들고 먹여 살릴 자식이 여럿 있습니다. 용서해 주십시오."

랍비는 그녀의 손을 잡아 방으로 들이고 손님처럼 아침상을 베풀었습니다. 그녀는 훗날 랍비의 가장 뛰어난 제자가 되었고 후대에 가장 훌륭한 스승으로 빛을 남겼습니다.

도둑일지라도 그를 한 인격으로 대해준 랍비, 그리고 그것을 느낄 만한 마음을 가질 만한 도둑. 이러한 인격과 인격의 만남이 전제될 때 사람의 가슴은 움직이는 법입니다.

5장

비움

심령이 가난한 자는 복이 있나니
천국이 그들의 것임이요

마 5:3

십 자 가 는 지 식 이 아 닌
사 랑 의 사 건

많은 학식을 지닌 사제가 여행 중에 큰 강을 건너게 되었습니다.

강을 건너는 것이 무료했던지 사제는 사공에게 물었습니다.

"당신 삼위일체가 무엇인지 아시오."

사공은 대답했습니다.

"노나 젓고 사는 주제에 제가 어찌 그런 것을 알겠어요. 그저 하루

세 번 기도나 하며 살지요."

그러자 사제는 다시 물었습니다.

"그럼 구원이라는 것은 무엇인지 아시겠지요."

사공이 대답했습니다.

"저 같은 무식쟁이가 어찌 그런 걸 알겠어요. 오늘 살아 있는 것만

으로도 감사하며 삽니다."

사제는 가엾다는 듯이 혀를 쯧쯧 찼습니다. 그런데 순간 광풍이 불

어오고 배는 뒤집어지고 말았습니다. 학식 많은 사제는 물에 빠져

서 살려달라고 외쳤습니다. 사제가 죽음 직전에 이르렀을 때 사공

이 그를 도와 목숨을 건지게 되었습니다.

이 이야기는 자기 생명을 보존할 능력조차 없으면서 세상의 구원을 논하고 우월감 속에서 살아가고 있는 경우를 지적하고 있는 우화입니다.

교리적 승인이나 신학적 지식이라는 것과 영적 능력의 차이는 바로 여기에 있습니다. 예수 그리스도를 믿는 우리는 지식에 머무는 것이 아니라, 사랑의 능력을 지녀야 합니다. 구원의 체험이 있어야 하고 이를 증언할 능력이 있어야 합니다. 십자가는 지식이 아니라 사랑의 사건이며 구원의 능력이기 때문입니다.

사랑은 하나님의 일

꿈과 용기와 능력을 갖춘 청년이 있었습니다. 그는 뜻밖의 사고로 다리를 쓸 수 없게 되었고 결국 일생을 휠체어에 의지하여 살게 되었습니다.

그 청년에게는 약혼한 여인이 있었는데 그에게도 버림을 받게 될까 두려움에 휩싸였습니다. 마침내 그는 버림받을 각오까지 하고 용기를 내서 물었습니다.

"내가 불구가 되었는데도 나를 사랑합니까?"

약혼녀는 대답했습니다.

"그럼 당신은 내가 그동안 당신의 성한 다리만 사랑한 줄 알았나요? 내가 사랑한 것은 루즈벨트라는 사람, 그 전부였습니다."

이 사랑의 이야기는 뉴딜정책으로 미국을 대공황에서 구출한 프랭클린 D. 루즈벨트 대통령과 그의 아내 엘레나의 일화입니다. 엘레나의 진실하고 성숙한 사랑이 실의에 빠진 한 청년을 위대한 인물로 만드는 전기가 되었던 것입니다.

아무리 사소한 개인의 일일지라도 사랑은 역사를
바꿀 수 있는 진정한 힘이 될 수 있습니다. 사랑은
사람에게서 그치는 것이 아니라 하나님의 일이기
때문입니다.

링컨의
75센트 명세서

링컨은 1884년 26세가 되던 해에 주 의회 의원이 되었습니다. 이 선거에 출마했을 때 당 본부에서는 200달러를 선거자금으로 보내 주었습니다. 당시 200달러는 큰돈이었지만 선거자금으로서는 턱없이 부족한 돈이었습니다. 게다가 대다수 정치인들은 정해진 선거자금 외에 많은 돈을 사용하고 있었습니다.

하지만 링컨은 당선 후 선거비용으로 받은 것 가운데 199달러 25센트를 당본부로 되돌려 보냈습니다. 그때 돈과 함께 봉투에는 이런 편지가 들어 있었습니다.

"선거 연설회장을 사용한 비용은 제가 지불했습니다. 그리고 여러 곳의 선거유세장을 돌아다닌 교통비는 제 말을 탔기 때문에 전혀 들지 않았습니다. 다만 나와 함께 선거운동을 하는 사람들 가운데 나이 드신 분들이 목이 마르다고 해서 음료수를 사서 나눠 드렸습니다. 음료수를 산값으로 75센트가 들었는데 영수증을 여기 동봉합니다."

링컨의 75센트 명세서는 그를 청백리 정치인의 대명사로 만들었습니다.

빛은 어둠이 짙을수록 밝음을 더하고 소금은 부패한 곳에서 가치를 드러냅니다. 위대한 인물은 상황에 휩쓸리지 아니하고 자신의 높은 뜻을 실현해 나감으로 탄생하는 것입니다.

그러기에 상황이 영웅을 만드는 것이 아니라 상황을 새로운 창조의 계기로 만들 때 영웅이 태어나는 것입니다. 바로 하나님은 새로운 사람을 그렇게 만들어 나가고 계신 것입니다.

깨어 있는 자와
잠든 자

적군이 쳐들어와서 한 나라를 점령해버렸습니다. 그리고는 갑자기 화폐개혁을 해버리고 말았습니다. 그동안 쓰던 돈은 몽땅 휴지 조각이 되어버리고 말았습니다. 그러자 한 친구가 통탄을 합니다.

"내 친구가 찾아와 아내가 병들었으니 좀 보태달라고 할 때 보태 줄 걸."

그러자 이 말을 듣고 있던 곁의 친구가 가슴을 치며 말합니다.

"나는 자네보다 더 많은 돈을 날려 버리고 말았네. 나는 그저 억울하고 그저 통탄스러울 뿐일세. 금덩어리로 바꿔 놓을 걸."

어떤 친구가 더 현명한 것일까요? 어리석기는 둘 다 마찬가지입니다. 기회를 잃은 후라면 무엇이든 소용없기는 마찬가지 아니겠습니까. 차이가 있다면 회한의 노래를 부르는데 가사만 서로 다를 뿐이겠죠.

영적으로 잠든 사람들은 항상 '뭐 했으면 좋았을 텐데' 하는 후회와 회한의 노래를 부르다 삶을 끝내는 것입니다.

천국과 지옥은 동東과 서西가 먼 것처럼 서로 먼 거리이지만 어느 쪽으로 가느냐는 사소한 차이에서 결정됩니다. 바로 하나님의 뜻을 따르는데 죽기 전에 먼저 결단하느냐, 아니면 죽은 다음에 결단하느냐 차이가 있을 뿐입니다.

살아서 지금 오늘 거룩한 산제사를 드리고자 결단하는 사람에게는 천국이 이를 것이고, 오늘 결단하지 못하는 사람에게는 불행이 뒤따르는 것이겠지요.

영적인 생활을
유지하기 위한 비결

폴란드 출신의 음악가 루빈스타인은 세계 최고의 피아니스트로 음악사에 남은 사람입니다. 그는 12살 때 피아노를 시작하여 투철한 예술정신과 뛰어난 연주로 세계인을 감동시켰습니다. 특히 그는 쉼없이 최선을 다하여 연습을 다하는 노력파로 알려져 있습니다. 어느 날 기자가 루빈스타인에게 물었습니다.

"세계 정상에 오르게 된 비결이 무엇입니까?"

그러자 그는 대답했습니다.

"자기 세계를 다른 사람에게 인정받기 위해서는 피나는 노력이 있어야 합니다. 만일 제가 하루를 연습하지 않으면 제 자신이 그것을 알고, 이틀을 안 하면 친구가, 사흘을 안 하면 청중이 압니다."

영적인 생활도 이와 마찬가지입니다. 영적인 생활을 유지하기 위해서는 끊임 없는 자기 성찰과 기도와 절제와 헌신이 있어야 합니다. 만일 하루만 기도하지 않는다면 내 자신이 알고, 이틀을 기도하지 않는다면 가족들이 알고, 사흘을 기도하지 않으면 온 교우들이 압니다. 그리고도 기도하지 않으면 하나님께서 나를 떠났다는 것을 알 수 있게 됩니다.

그러므로 영적인 빈사상태에 빠지지 않으려면 자기 성찰과 기도와 절제와 헌신을 하루도 거르지 않아야 합니다.

생명체의 공통 규칙

살아 있는 모든 생명체에는 생명을 유지시키기 위한 공통된 패턴과 규칙이 있다고 합니다. 이 패턴과 규칙은 놀랍게도 생명체를 살아 있게 하는 보편적인 원리가 됩니다.

이 보편적 원리를 깊이 묵상한다면 생명을 유지시키는 창조주 하나님의 문법을 깨닫게 하는 데 큰 도움이 될 것입니다.

첫째, 생물은 기초부터 만든다는 것입니다.

생명을 지속적으로 유지하려고 하면 기초가 튼튼하게 마련되어야 합니다. 나무가 뿌리부터 만들 듯이 말입니다.

둘째, 생물은 다양성을 추구한다는 것입니다.

다양한 형태를 갖추어야 자기를 보존할 수 있다는 것입니다. 개인이나 사회나 문명도 계속 생명을 유지하려고 하면 다양성을 받아들이고 열린 마음과 열린 체제를 갖추어야 합니다.

셋째, 실수를 통해서 창조한다는 것입니다.

실수라는 경험은 우리에게 새로운 창조의 세계로 인도해 주는 다리입니다. 실수를 두려워 말고 경험을 통해 계속 배워 나가야 생명을 계속 유지할 수 있습니다. 그러니 삶의 진정한 문제는 실수를 저지르는 것보다는 실수를 통해 배우지 않는 것이 문제라 할 것입니다.

천국은 소유가 아니라
누림

비록 가난하지만 항상 자신의 일에 성실하며, 자연과 벗을 할 줄
아는 사람이 있었습니다. 그는 큰 재산이 있는 것도 많은 공부를
한 것도 아닌지라 그저 부잣집 땅을 관리하면서 살게 되었습니다.
그래도 그는 늘 행복했습니다. 아침이면 찾아오는 새와 싱그러운
바람이 좋았습니다. 철따라 피는 꽃과 과일을 맛보며 열심히 땀을
흘리며 즐겁게 살았습니다.

그와는 반대로 그가 관리하는 땅의 주인은 수단과 방법을 가리지
않고 돈을 벌어 계속 땅을 늘려갔습니다. 그러기를 20여 년, 어느
날 땅 주인의 묘자리를 잡으라는 급한 전갈이 왔습니다. 불행하게
도 땅 주인은 과로로 세상을 떠난 것입니다.

지난 20여 년 동안 그 땅의 진정한 주인은 누구였다 말하겠습니
까. 등기부등본의 소유주로 되어 있는 땅 주인의 것이었을까요,
아니면 20여 년 동안 그 땅에서 땀을 흘리며 시냇물 소리를 즐기고
싱그러운 바람과 아름다운 꽃을 보고 즐겁게 지낸 관리인이었을

까요.

하늘과 땅, 우주는 소유하는 자의 것이 아니라 그 땅에서 땀 흘려 땅을 돌보고 그 땅에서 아름다운 세상을 감상하며 누리는 자의 것입니다. 그래서 천국은 심령이 가난한 자의 것이지, 탐욕스럽게 소유하는 자의 것이 아닙니다. 분명 천국은 소유에 있지 않고 누리는 데에 있습니다.

'심령이 가난한 자는 복이 있나니 천국이 그들의 것이라' 마 5:3

어떻게 하늘 문을
열 수 있는가

사람은 행동하게 만들어져 있습니다. 그러나 사람은 동물과 달라서 행동만으로 사람답게 이루어지지 않습니다. 사람답게 행동하는 근원과 사람이 사람됨의 이르게 하는 바탕에 우리들이 도달해야만 하는 지점이 있습니다. 행위와 삶의 근거가 되는 존재의 뿌리를 내려야 하는 데 있습니다.

존재의 뿌리, 근원으로 내려가는 층계가 명상과 묵상과 기도입니다. 사람들은 명상이나 묵상, 기도를 너무 어렵게만 생각합니다. 하지만 거기로 가는 문은 닫힌 적이 없습니다. 사람들이 그 문을 그냥 지나쳤기 때문에 깊은 명상, 깊은 묵상, 깊은 기도에 이르지 못했던 것입니다.

이유는 조급함, 부산함, 바쁨 때문입니다. 하지만 누구든지 행위를 그치고 멈추어 서면 명상과 묵상과 기도의 문이 눈에 들어오게 될 것입니다. 그 문을 열고 들어가시면 됩니다.

하나님 앞에 나아와 손과 발을 멈춰 세우고, 머릿속에 복잡한 생각을 멈춰 세우고, 마음의 불까지 끄면 명상과 기도와 묵상의 문은 항상 활짝 열려지게 되어 있습니다. 그리고 열린 은총의 하늘 아래 고요히 머물러 있으면 명상과 묵상과 기도가 깊어지면서 그 어디나 하늘나라가 되는 경험을 누구나 하실 수 있습니다.

근심 없이 산다는 것

세상을 살면서 근심 없이 산다는 것은 불가능합니다. 근심 없이 살기를 바라는 것은 하늘의 궂은 날씨가 없기를 바라는 것과 같습니다. 또 인생이 오직 근심뿐이라는 것도 완전히 그릇된 생각입니다. 그것은 마치 날씨가 한 번도 갠 날이 없을 것이라고 생각하는 것과 같습니다.

삶의 여정은 날씨와 같아서 비도 오고 바람도 불지만 때로는 눈부신 햇살 아래 따뜻하고 평온한 날도 있습니다. 그러므로 삶에서 중요한 것은 비가 오고 추운 때에 어떻게 이것을 극복하느냐, 하는 것과 같습니다. 특별히 근심이 생겼을 때 이를 어떻게 정리하고 극복하는가, 하는 지혜를 가져야 합니다.

근심은 혼란에서 옵니다. 혼란은 정확히 사실을 이해하지 않았기 때문에 일어납니다. 프랑스의 역사학자이자 지성인인 앙드레 모로아는 이렇게 지적합니다.

"우리들은 각자의 욕망에 맞는 것은 진실인 것처럼 여기고, 맞지 않는 것에 대해서는 화를 내게 된다."

이러한 인간의 속성은 잘못된 수학공식을 갖고 문제를 푸는 것처럼 틀린 답을 계속 만들게 됩니다. 혼란을 가중시키고 그 혼란은 또 다른 근심의 불을 일으키게 만드는 것입니다.

따라서 혼란을 극복하기 위해서는 사실을 정확히 하는 데서 출발해야 됩니다. 이러한 것은 마치 검사가 피의자의 불리한 것을 다 파헤치듯이 스스로 불리한 조건까지 다 파악하는 자세, 그런 노력이 있어야 합니다.

근심은 미래에 대한 두려움에서 일어납니다. 이를 위해서는 하나님께서 나와 함께하시며 나를 지키신다는 믿음을 가지고 있다면 극복할 수 있습니다. 이를 진정 믿는 이만이 미래에 대한 불안을 벗을 수 있게 되고, 따라서 삶의 문제를 잘 풀 수 있게 될 것입니다.

큰 물고기를
잡으려 한다면

큰 나무는 온실 안에서 크지 못하고 명마는 철조망 안에서 크지 못하듯, 큰 정신은 자잘한 옛 법과 금지규정 안에서 만들어지지 않습니다. 오직 십자가의 고난과 사랑의 품안에서 자라는 것입니다.

큰 물고기를 잡으려고 한다면 작은 물고기에 눈이 팔리지 않아야 하듯, 큰 가르침을 성취하고자 하면 작은 이익에 마음을 팔지 않아야 합니다. 오직 그리스도의 사랑에 눈을 맞춰야 합니다.

율법의 울타리에 갇힌 성전에 주님은 머리를 두시지 아니하고, 하나님의 사랑과 목숨마저 버리는 십자가에서 꽃을 피웠습니다. 오직 하나님의 사랑과 십자가의 진실에 눈이 먼 사람만이 하늘에 닿을 정신과 우주를 품을 마음의 눈이 열릴 것입니다.

완전범죄와
완전한 행위의 공통점

완전범죄와 완전한 행위의 공통점은 첫째는 남이 모르게 한다는 것입니다. 그리고 둘째는 모두에게 눈물이 흐르게 한다는 것입니다. 그러나 차이점이 있습니다. 완전범죄는 고통과 원한의 쓰라린 눈물을 흘리게 하고 완전한 행위는 기쁨과 감동의 눈물을 흘리게 한다는 것입니다.

우리가 완전범죄를 저지르듯 아무도 모르게 선을 행한다면 어떻겠습니까. 그렇게 한다면 기쁨과 감동의 눈물이 이 세상을 적시게 되지는 않을까요. 이것이 바로 오른손이 한 일을 왼손이 모르게 하라는 주님 가르침의 참뜻일 것입니다.

'너는 구제할 때에 오른손이 하는 일을 왼손이 모르게 하여 네 구제함을 은밀하게 하라 은밀한 중에 보시는 너의 아버지께서 갚으시리라' 마 6:3~4

마음을 지키는 일은
성을 쌓는 것보다 위대하다

홍성의 풀무원고등학교는 기독교정신으로 세워진 학교입니다. 그 학교의 목표는 이 땅에 위대한 평민을 기르는 것이라고 합니다. 학생들이 졸업할 때는 경운기라도 몰 수 있도록 생활교육을 철저히 시키는 학교이기도 합니다.

학교의 매점에서는 항상 무인판매를 실시한다고 합니다. 그런데 한 번은 팔린 물건과 돈이 맞지 않는 일이 일어났습니다.

그때 교장 선생님은 전교생이 내다보이는 운동장 한가운데에서 무릎을 꿇고 통곡을 하셨다고 합니다. "내가 학생들을 잘못 가르쳐서 이렇게 되었다."고 말입니다.

수업 중에 이를 본 교사와 학생들은 수업을 중지하고 모두 눈을 감고 고개를 떨군 채 자성하게 되었습니다. 얼마 후, 그때 값을 치르지 않은 학생이 조용히 일어나 매점에 가서 돈을 놓고 돌아왔다고 합니다.

인간에게 있어서 진정 위대한 것은 무엇입니까?

그것을 많은 업적을 쌓는 것보다 인간의 마음, 그 양심을 지키는 것과 이를 지키도록 가르치고 노력하고 일이라고 여깁니다. 마음을 지키는 일은 성을 빼앗는 일보다 낫다고 성경은 말씀하십니다.

똑똑하기보다
진실해야

똑똑하기보다 진실한 사람이 되어야 합니다. 성경은 물론 어느 경전에서도 똑똑한 사람이 되도록 가르치는 종교는 세상에 없습니다. 모든 참된 종교는 예외 없이 우리가 가진 어리석음을 깨닫게 하려고 합니다.

자신이 가진 어리석음, 어둠을 깨닫는 사람만이 진정으로 슬기롭게 다시 태어나게 됩니다. 그런 사람만이 하나님 앞에서 바른 사람이 됩니다. 그런 사람만이 이웃을 이롭게 하는 일을 하게 됩니다.

그런데 세상은 사람을 똑똑하게 만들고, 계산에 밝은 사람들을 만들어내고 있습니다. 이 일이 얼마나 부끄러운 일인지, 이 일로 인해서 세상이 얼마나 더 혼란스러워지고 있는지 모두 생각하지 않으려 하고 있습니다.

우리는 이 점을 놓치면 안 됩니다. 계산이 밝은 사람에게 실력과 힘이 주어지는 일은 참으로 위험한 일입니다. 그러한 이들은 더 많은 경쟁을 부추기며 벽을 쌓아 나갈 것이기 때문입니다.

하나님 앞에서 진실한 사람에게 실력이 주어지고 힘이 주어져야
합니다. 그래야 세상은 점점 더 평화로워집니다.

자신의 어리석음과 어둠을 밝히려고 노력하는 사
람들에게 실력과 힘이 주어져야 합니다. 그런 사람들
이 사회에 영향력을 많이 행사할 때 세상은 사랑이 풍성해지고 좋
은 평화가 찾아올 것입니다.

온전히 맡긴 삶

허드슨 테일러는 중국 선교를 위해 일생 몸을 바친 하나님의 종입니다. 그의 특별한 점은 중국 하남성에서 삶을 마칠 때까지 철저하게 하나님에게만 의지했다는 것입니다.

그가 선교사 생활 7년 째가 되던 해에는 극도로 몸이 쇠약해져 잠시 고향 영국으로 돌아갈 수밖에 없었습니다. 그리고 요양을 마치고 다시 중국으로 되돌아갈 때는 16명의 사역자들과 함께 갔습니다.

놀라운 것은 중국으로 가면서 영국의 어떤 교회나 어떤 단체에게도 후원을 요구하지 않았다는 것입니다. 허드슨 테일러는 하나님 한 분만이 자신의 힘이라는 것, 하나님 한 분보다 더 큰 힘이 될 수 없다는 것을 굳게 믿었기 때문입니다.

생계조차 막막한 처지의 상태로 떠나는 테일러에게 염려스런 눈빛으로 누군가 묻자 그는 조용히 대답했다고 합니다.

"저는 아이들까지도 함께 데리고 갑니다. 저희 아이들에게 하루 세 끼가 필요하다는 것을 저는 잘 압니다. 이를 어찌 한시라도 잊을 수 있겠습니까.

하지만 저는 제가 제 자식을 생각하는 것보다 훨씬 더 하나님 아버지께서 저희에게 필요한 것이 무엇인지 생각하고 잊지 않으시리라고 믿고 있습니다."

진실한 대화법

사람은 만남을 통해 성숙해갑니다. 만남은 진실한 대화를 통해 이루어집니다. 그래서 영적인 성숙을 이루려는 모든 영성공동체에서는 성숙한 대화를 위한 대화법을 실천해야 합니다. 대화, 그 자체가 매우 중요한 수련의 과정이기 때문입니다.

말보다 묵상을 많이 해야 됩니다. 묵상 없는 말에는 진실이 담기기가 어렵기 때문입니다.

입보다 귀를 많이 사용해야 됩니다. 듣고자 함이 없는 말로는 만남을 이루지 못하기 때문입니다.

토론보다 마음을 많이 나누도록 해야 됩니다. 영적 대화는 옳고 그름을 분별하기보다 마음을 나누는 것이기 때문입니다.

말꼬리를 잇기보다는 질문을 해야 합니다. 다른 이의 경험과 지식을 존중하고, 그가 한 말에 대해서 질문을 가질 때 배움을 갖게 되기 때문입니다.

남의 이야기보다 나의 고백을 많이 해야 됩니다. 남을 삼가 도울 때 외에는 남을 입에 올리지 않고 오직 나의 고백을 통해 진실을 나누어야 영적인 대화가 되는 것이기 때문입니다.

지식보다 삶을 대화의 소재로 많이 써야 합니다. 영적인 대화는 지식의 확장보다 삶을 나눔으로 영적인 성장을 이루어 나가는 것이기 때문에 그러합니다.

그리고 이 모든 것 위에 사랑을 더해야 합니다. 사랑만이 대화와 만남을 완성시켜줄 수 있기 때문에 그러합니다.

모차르트의 용기

로마의 시스틴 성당에서는 3백 년 동안이나 알레그리의 명곡인 '미제레레 메이(우리를 불쌍히 여기소서)'가 연주되어 왔습니다. 그런데 이 작품은 중세 말기를 거치면서 성스러운 곡으로 간주되어 악보는 공개하지 못하도록 되어 있었습니다.

그런데 1769년 어느 날, 이 곡을 듣고 있던 열세 살짜리 소년이 있었습니다. 아름다운 곡에 취한 소년은 이런 생각을 했습니다.

'이토록 아름다운 선율을 많은 이들이 연주할 수 있다면 얼마나 좋을까. 모두가 연주할 수 있도록 악보를 만든다면 참으로 좋겠다.'

그 소년은 파문을 당할 것이라는 경고에도 아랑곳하지 않고 성당에 가득한 아름다운 음률을 악보에 적어내려 갔습니다. 얼마 후 이 악보집이 출판되자 마침내 온 유럽에서 연주를 할 수 있게 되었습니다. 이런 일을 한 소년은 바로 모차르트였습니다. 천재의 천재성에 의해서 세상이 변화되는 것이 아니라 세상에 아름다움을 전해야겠다는 마음과 용기에 의해서 아름다워지는 것입니다.

보채다 마는 인생

불로써 불을 끌 수 없음과 같이 욕망으로 욕망을 해결할 수 없습니다. 하지만 사람들은 오늘의 부족함을 해결하려고 더 큰 욕망으로 내일을 벼릅니다. 그러하기에 한 줌 재가 되기까지 보채다 마는 인생을 엮어갑니다. 그렇다면 누가 진정한 만족, 삶의 참 기쁨을 누리며 살겠습니까.

자신의 욕망을 십자가에 못을 박아 가난한 마음에 이르는 사람만이 진정한 만족, 참된 기쁨의 천국을 누리며 살게 됩니다.

삶의 즐거움에 이르기 위한
7가지 방법

첫째, 감사 목록을 작성해 보십시오.

불행하다고 느끼는 사람들의 마음은 항상 불행의 목록을 늘려가는 공통점이 있습니다. 그러기에 우리는 감사의 목록을 늘려가야 합니다. 그럴 때 우리는 즐거움과 기쁨을 누리게 될 것입니다.

둘째, 자질구레한 일상사라고 해서 빠뜨리지 말고 계속 감사 목록을 만들어 나가십시오. 삶은 본래 자질구레한 일을 행복한 순간으로 만드는 기술의 과정이기도 합니다.

셋째, 누군가에게 친절을 베풀고 함께 기뻐해 보십시오. 행복은 이웃과 함께 나누고 이웃과 함께 만들어 나가는 것입니다. 이웃 없는 행복은 없는 것과 다를 바 없습니다.

넷째, 두려움과 질투심과 원한과 질투 같은 것을 극복하십시오. 진정한 행복은 깨끗한 마음에서 나옵니다.

다섯째, 적어도 하루에 한 번 이상 크게 웃으십시오. 웃음은 웃음을 낳고 울음은 울음을 낳습니다. 울고 웃는 것은 때론 조건과 상관없이 웃으면 웃게 되고 울면 울게 되는 것이기도 합니다.

여섯째, 하루에 한 곡 이상 찬송을 불러보십시오. 찬송하는 마음은 높고 즐거운 마음과 좋은 믿음을 만들어 줍니다. 그리고 영혼을 높은 곳으로 평안한 곳으로 인도해 줍니다.

일곱째, 하루가 끝나기 전 잘못과 죄를 용서 받아서 영혼을 평안하게 만들어 주십시오. 이는 지나간 하루의 시간을 정화시키고 새날을 새롭게 맞이하는 길이 될 것입니다.